투기
공화국의

부동산을
통해 본
한국사회

풍경

부동산을
통해 본
한국사회

투기
공화국의
풍경

이태경 지음

[CSI 한국학술정보(주)

세상 속에 놓인 나를 언제나 든든히 지탱해주는 누나에게 이 책을 드립니다.

　　　　　　　참여정부와 이명박 정부를 거치면서 세
상은 천지가 개벽한 것과 맞먹는 변화를 맞았다. 대한민국은 전
부문에서 시간이 거꾸로 흘러가고 있는 중이고 미국발 금융위기로
촉발된 세계경제위기는 신자유주의의 파산을 선언하고 있다. 부동
산 정책이라고 이런 변화의 파고에서 예외일 수는 없다. 아니 부
동산 정책이야말로 이명박 정부 들어 가장 많이 변화했다. 이른바
ABR(Anything But Roh)이 그대로 관철된 부문이 부동산 정책
이었던 것이다.

　여기 수록된 칼럼들은 논문의 형식을 띤 것은 아니다. 그러나
참여정부 말부터 이명박 정부 출범 1년이 지나는 동안 불거졌던
중요한 부동산 이슈들을 대체로 포괄한다고 생각한다. 특히 이명
박 정부와 한나라당에 의해 사실상 형해화된 종부세가 사라지는
과정을 추적했고 종부세 폐지가 왜 잘못된 것인가를 설명했다. 지
금은 대중들의 기억에서 멀어진 반값 아파트가 실패한 이유도 나
름대로 지적했다. 또한 실패한 것으로 평가받는 참여정부의 부동
산 정책을 다른 시각에서 평가했고, 이명박 정부의 부동산 정책에
관한 한 인수위 시절부터 굵직한 대책들이 나올 때마다 놓치지 않

고 평가하려고 노력했다. 끝으로 미국의 서브프라임 모기지론 사태의 교훈에 대해서도 짧게 언급했다.

한국사회의 최대 난제를 들라면 단연 부동산 문제와 사교육 문제가 꼽힐 것이다. 특히 부동산 문제는 경쟁력 약화, 사회 양극화, 근로의식 저하 등의 근본원인으로 만악의 근원이라 할 만하다. 보잘것없는 이 칼럼집이 독자들에게 부동산 문제의 근본원인 및 해법에 대한 조그만 실마리라도 드릴 수 있다면 그보다 기쁜 일이 없을 것이다.

기축년 봄에 이태경이 쓴다.

III__ 종부세를 둘러싼 싸움의 기록 | 139

참여정부 말기의 기억들

대체 누가 집값을 불안하게 만드나

정부가 신도시 개발을 발표했다. 인천 검단 신도시를 개발하고 파주 신도시를 분당신도시 규모로 확장하겠다는 것이 그 골자다. 추석 전부터 심상치 않던 서울과 수도권의 집값이 추석 이후에도 급등을 거듭하자 당황한 추병직 건교부장관이 다른 부처와의 충분한 협의도 없이 일방적으로 신도시 개발 계획을 언론에 발표해 부동산 시장의 혼란을 부채질한 것은 질책받을 일임이 분명하지만, 정작 중요한 문제는 그게 아니다.

우리가 주목할 대목은 정부 수립 이래 가장 강력하다는 부동산 정책들이 연이어 발표되었음에도 불구하고 부동산 시장이 동요하는 이유이다. 참여정부 출범 이후 수립된 굵직한 부동산 대책들만 꼽아 보아도 10·29대책, 5·4대책, 8·31대책, 3·30대책 등이 있다. 과문한 탓인지 모르지만 역대 정부가 내놓은 부동산 정책들 가운데 위에서 열거한 부동산 정책들을 능가할 만한 위력을 지닌 정책은 노태우 정부 시절에 시행됐던 토지공개념 3법이 유일하다.

참여정부가 발표한 부동산 대책들 안에는 부동산 세제(稅制) 및 금융개혁을 통한 투기적 가수요 억제, 2기 신도시 건설로 상징되는 공급확대, 거래 투명성 확보, 기반시설부담금과 개발부담금 부과를 내용으로 하는 개발이익 환수 등의 조치가 포함되어 있다. 꼼꼼히 살펴보면 알 수 있지만, 참여정부의 부동산 대책 속에는 부동산 시장 안정을 위해 정부가 취할 수 있는 거의 모든 정책 수단들이 망라돼 있다고 평가해도 무리가 아니다. 정부의 이 같은 노력에도 불구하고 부동산 시장은 여전히 불안하다. 저금리(低金利)로 인해 시중에 부동자금이 차고 넘친다는 점을 감안하더라도 부동산 시장의 동요는 심상치 않다. 아니 현금의 부동산 시장은 막 분출을 시작한 활화산 같은 느낌을 준다.

어째서 이런 일이 벌어진 걸까? 도대체 누가 부동산 시장의 연착륙을 끊임없이 방해하는가? 이제부터 참여정부의 부동산 대책을 좌초시키고, 대한민국을 투기로 들끓는 가마솥처럼 만든 흉수(兇手)들을 차근차근 밝혀보자.

::조중동

조중동으로 대표되는 수구언론이야말로 참여정부의 부동산 대책을 무력화시키고, 지금의 부동산 시장 불안을 야기한 일등공신이다. 이들은 집값이 오르면 오른다고 참여정부를 질타하고 정부가 오르는 집값을 안정시키려 각종 대책을 마련하면 '세금폭탄'이니

'시장원리에 어긋난다'느니 하면서 정부의 부동산 대책을 공격했다. 특히 이들이 발명해 인구(人口)에 회자(膾炙)된 '세금폭탄론'의 위력은 가히 가공할 만했다. 서글픈 일이지만 집 한 채 없거나 달랑 저가 주택 한 채를 소유한 사람들마저 조중동이 유포한 '세금폭탄론'에 감염돼 정부의 보유세 현실화 방침에 반대하고 있다.

작금의 부동산 가격 상승이 불로소득 전유를 목적으로 하는 투기적 가수요 때문임은 새삼 강조할 필요가 없을 것이다. 보유세 및 양도세 현실화가 투기적 가수요 억제에 특효약이라는 사실도 누구나 알고 있다. 그런데 조중동이 유포한 '세금폭탄론'은 바로 이 보유세와 양도세 현실화를 정조준하고 있다. 세금 부담이 그리 늘지 않는 서민들마저 참여정부의 부동산 대책을 탐탁지 않게 여기는 걸 보면서 새삼 조중동의 힘을 실감하지 않을 수 없다.

조중동으로 상징되는 수구언론의 활약은 참여정부의 부동산 대책을 약화시키는 데에서 멈추지 않는다. 이들은 정부가 각종 규제를 하고 있지만 집값이 도통 떨어질 기미가 보이지 않고 있으며 머지않아 집값이 요동칠 것이라면서, 부동산 시장참여자들에게 꿈과 희망을 불어넣었다. 경제 특히 부동산 시장에서는 시장참여자들의 심리가 가격 형성에 큰 역할을 한다. 쉽게 말해 시장참여자들 대부분이 장래 부동산 가격이 오를 것이라고 예상하면 실제로 그렇게 될 가능성이 매우 크다. 이를 자기실현적 예언(self-fulfilling prophecy)이라 하는데 조중동을 위시한 수구언론이 앞장서서 이를 이끌고 있다.

얼마 전 고려대학교 최장집 교수는 참여정부를 통렬히 비판하면서 아래와 같이 말한 바 있다.

"노무현 정부는 매일같이 안 된다고 하면서 '조중동' 책임으로 돌린다. 나는 이게 매우 싫다. 문제의 책임을 조중동에 돌리는 것은 올바른 해결책이 아니다. 사실 조중동이 강하지도 않다. 조중동은 좋은 않은 민주주의의의 결과일 뿐, 독립변수로서 큰 역할을 하지 않는다. 국가권력이 얼마나 강한데, 정부의 정책적 방법을 통해 비합리적인 논조가 주는 역할은 축소될 수 있다."

부동산 시장에 한해서만 평가하자면 최 교수는 완전히 틀렸다. 조중동은 부동산 시장에서 독립변수일 뿐 아니라 국가권력에 필적할 만큼 강하다.

::한나라당

조중동이 원외에서 부동산 정책을 무력화시키는 데 몰두했다면 원내에 있는 한나라당은 정부가 내놓은 부동산 대책의 온전한 입법화 및 개악을 위해 안간힘을 다하고 있다. 참여정부가 내놓은 부동산 대책에 대해 한나라당이 흔쾌히 동의한 적은 단 한 번도 없었다. 한나라당은 상위 1% — 공시가격 기준 주택 종부세 과세 대상자 — 의 이익을 옹호하기 위해 정부가 내놓은 부동산 대책을 크게 후퇴시켜 입법하려고 했다. 또한 이에 실패할 경우에는 입법이 이루어진 법률을 개악하기 위해 쉼 없이 노력했다.

한나라당이 제출해 지난달 14일 국회 재경위 전체 회의에 상정된 종합부동산세법(종부세) 및 소득세법 개정안을 보면 한나라당이 대한민국 1%의 이익을 위해 얼마나 분투하는 정당인지를 잘 알 수 있을 것이다. 한나라당이 제출한 종부세법 개정안은 종부세 과세기준 금액을 현행 공시가격 6억 원에서 9억 원으로 상향 조정하고, 세대별 합산을 인별 합산으로 변경하는 것을 골자로 한다. 또 한나라당이 제출한 법률안 속에는 현행 6억 원 이상인 1주택자에 대한 양도세 부과기준을 9억 원으로 높이고, 주택 한 채를 20년 이상 장기 보유하면 양도소득세를 면제하는 소득세법 개정안과 소득이 많지 않은 고령자 중 1주택 소유자에게 종부세를 감면해 주는 내용의 종부세법 특례안도 포함돼 있다.

눈 밝은 독자들은 금방 간파했겠지만, 한나라당 개정안대로 법률이 개정되면 8·31대책은 사실상 형해화(形骸化)된다. 이렇듯 부동산 부자들을 위한 한나라당의 노력은 눈물겨울 정도다.

기실 지금의 부동산 시장이 안정을 못 찾는 큰 이유는, 내년 대선에서 한나라당이 승리할 것이고 그렇게 되면 참여정부가 추진했던 부동산 대책이 전부 원점으로 회귀할 것이라는 시장참여자들의 기대감 때문이다. 결국 부동산 가격 안정은 한나라당의 집권 가능성과 정확히 반비례하는 셈이다.

::여당

원내에서 부동산 시장을 불안하게 만드는 정당이 한나라당뿐인 건 아니다. 여당 또한 한나라당 못지않게 부동산 시장을 불안하게 만들고 있다. 여당은 10·29대책을 크게 후퇴시켜 안정을 찾아가던 부동산 투기 심리에 불을 붙인 것을 시작으로 틈만 나면 정부의 부동산 정책을 훼손시켜 왔다. 8·31대책의 입법화에도 미온적이던 여당은 지방선거에서 참패한 직후에는 참패의 원인 중 하나로 정부의 부동산 대책을 지적할 만큼 정신을 못 차리고 있다. 부동산에 대한 철학과 정책에 관한 한 한나라당 의원들보다 더 한나라당 의원다운 여당 의원들이 너무나 많다.

::정부

참여정부는 적어도 부동산 정책에 관한 한 역대 어떤 정부보다 높은 평가를 받을 만하다. 부동산 문제의 본질을 직시하고 근본적 대책을 마련하고자 노력한 정부는 참여정부를 제외하고는 달리 찾기 어려운 것이 사실이다.

그러나 참여정부도 잘못이 없지는 않다. 첫째, 참여정부는 출범 초기부터 부동산 문제의 근본원인을 밝혀 근본적인 해법을 마련해야 했음에도 불구하고 그렇게 하지 않고 부동산 시장이 요동칠 때마다 대책을 내놓았다. 그 결과 시장에는 내성(耐性)이 생겨서 어지간한 부동산 대책에는 꿈쩍도 하지 않는 상황이 초래되었다. 만약 정부가 출범 초기에 8·31대책에 버금가는 수준의 대책을 발표하고 이를 그대로 밀고 나갔더라면 부동산 시장은 연착륙했을 가능성이 컸다. 결국 정부는 호미로 막을 일을 가래로도 막지 못하는 어리석음을 범하고 만 것이다.

둘째, 정부는 지나칠 만큼 호언장담을 거듭했다. 물론 참여정부의 부동산 대책이 매우 강력한 것은 사실이다. 그러나 정부의 강력한 부동산 대책만으로 부동산 가격이 안정되는 것은 아니다. 지금과 같은 저금리 여건 속에서는 더욱 그렇다. 그러나 노무현 대통령 이하 고위 관료들은 "강남이 불패면 대통령도 불패다.", "헌법만큼 고치기 어려운 부동산 정책을 만들겠다.", "이제 부동산 투기는 끝났다."는 등의 발언을 쏟아내며 자신들이 만든 부동산 정책을 과신했다. 본래 큰소리친 대로 일이 풀리지 않으면 큰소리친 사람의 권위가 땅에 떨어지는 법이다. 정부의 호언장담에도 불구하고 여전히 부동산 시장이 불안하자 정부를 믿었던 국민들은 기대했던 것 이상으로 실망하게 됐고 정책의 신뢰성은 급속도로 추락했다.

만약 노무현 대통령 이하 고위 관료들이 "부동산 가격을 안정시키는 것은 정부의 노력만으로 되는 일이 아니다. 국민 여러분들이 도와주셔야 한다. 부동산 투기 없는 좋은 세상을 만들기 위해 우리 함께 고민해 보자."라고 하면서 겸손하게 국민들의 동의와 설득을 구했다면 어땠을까?

셋째, 참여정부는 개발이익을 철저히 환수할 장치를 마련하지도 않은 채 혁신도시, 기업도시 등의 개발을 전국 도처에서 추진해 시장참여자들에게 잘못된 신호를 주었다. 참여정부의 부동산 정책의 기조가 투기적 가수요 억제인데 개발이익을 철저히 환수할 장치를 마련하지 않은 채 혁신도시 등을 건설한다는 것은 자기모순에 불과하다.

::일부 시민단체

부동산 시장의 안정을 방해하는 오적(五賊) 중에 시민단체가 포함돼 있는 것을 의아하게 여기는 사람들이 많을 것이다. 분명 많은 시민단체들이 부동산 가격 안정을 위해서 애쓰고 있는 것이 사실이다.

그러나 일부 시민단체가 부동산 시장 안정을 위해 제시하고 있는 대책들은 부동산 문제의 근본해법과는 거리가 멀다. 예컨대 '분양원가 공개요구'가 대표적이다. 분양원가 공개를 요구하는 일부 시민단체의 주장을 요약하면 "특정 지역에 신규 분양하는 아파트 가격이 터무니없이 높기 때문에 주변에 위치한 아파트 가격을 끌어 올린다. 은평 뉴타운이 대표적이다. 신규 분양하는 아파트 가격이 터무니없이 높은 이유는 건설사가 폭리를 취하기 때문이다. 따라서 분양원가를 투명하게 공개해서 분양원가를 낮추는 효과를 유발하면 주변 아파트 가격도 안정될 수 있을 것이다. 이처럼 아파트 분양원가 공개는 집값 안정을 위해 반드시 필요하다." 정도가 될 것이다.

이들의 주장은 일견 그럴 듯하게 보인다. 그러나 깊이 생각해 보면 이들의 주장이 사실과 다름을 알게 될 것이다. 은평 뉴타운 이나 파주 운정지구를 예로 들어보자! 이 지역은 고분양가 분양으로 떠들썩한 곳들이다. 은평 뉴타운은 분양이 연기됐으니 논외로 치고 파주 운정지구를 생각해 보자. 고분양가 논란에도 불구하고 최근 파주 운정지구에서 분양한 한라비발디는 1순위에서 전부 분양이 끝났다. 운정지구에 위치한 한라비발디가 고분양가에도 불구하고 전부 1순위 분양된 것은 추가 가격상승에 대한 시장참여자들의 기대감 때문이다. 즉 부동산 시장에 투기적 가수요가 만연한 것이다. 한라비발디 주변에 위치한 아파트들의 가격이 한라비발디를 따라서 가파르게 상승하는 것도 투기적 가수요 때문이다.

만약 부동산 시장이 안정된 상태에서 운정지구 한라비발디를 주변 시세보다 훨씬 높은 가격에 분양했다고 가정해 보자. 한라비발디는 분명 소비자들로부터 외면당할 것이고 미분양이 속출할 것이다. 상황이 그렇게 되면 한라비발디의 분양가는 주변 시세와 비슷한 수준으로 내려갈 수밖에 없을 것이다.

위에서 살핀 것처럼 최근 논란이 되고 있는 아파트 고분양가 문제는 투기적 가수요의 결과일 따름이다. 주변보다 훨씬 높은 시세에 분양을 해도 물량이 전부 소화되는데 어느 누가 주변 시세 정도에 분양할 마음을 먹겠는가? 설령 일부 시민단체의 요구가 관철되어 분양원가가 공개되고 분양가가 낮아진다 해도 집값 안정에는 전혀 도움이 되지 않는다. 최초 분양자만 더 큰 수혜를 입을 뿐이다.

후분양제도 사정은 크게 다르지 않다. 물론 완성된 제품을 보지도 않고 매매대금을 지불하는 지금의 선분양제도가 자연스럽지 않은 건 사실이지만 후분양제를 실시한다고 해서 집값 안정에 도움이 될 수는 없는 일이다.

분양원가 공개나 후분양제는 건설사의 경쟁력 제고 및 건설비리 척결에는 분명 도움이 될 것이다. 그러나 이런 대책들이 집값 안정의 특효약이라고 주장하는 건 곤란하다.

익히 알다시피 국민의 정부 말기부터 시작해서 지금까지 계속되고 있는 집값 폭등의 원인은 불로소득을 쫓는 투기적 가수요 때문이다. 따라서 집값을 안정시키기 위해서는 불로소득 환수를 통해 투기적 가수요를 억제시켜야 하고 이를 위한 최선의 방법이 보유세율 현실화이다. 보유세율이 현실화돼 부동산 시장이 실수요자 위주로 재편되면 집값이 안정될 수밖에 없다. 주변시세보다 높은 가격으로 분양하는 간 큰(?) 건설사가 등장하는 일도 물론 없을 것이다.

이처럼 분양원가 공개나 후분양제는 집값 안정과 전혀 상관이 없다. 사정이 이러함에도 불구하고 일부 시민단체에서는 분양원가 공개나 후분양제를 집값 안정의 묘방인 것처럼 주장하고 있다. 집값 안정을 위해 노력하는 이들의 열정과 헌신은 아무리 높게 평가

해도 지나치지 않을 것이다. 그러나 이들이 집값 안정을 위해 내놓은 수단에 대해서는 결코 높은 점수를 줄 수가 없다. 상황이 한결 나쁜 것은 일부 시민단체의 활약(?)에 힘입어 대다수 국민들이 분양원가 공개나 후분양제를 집값 안정을 위한 필수적 조치로 인식하게 됐다는 사실이다. 일부 시민단체들의 잘못된 계몽 덕에 국민들은 정작 집값 안정을 위해 집중해야 할 '불로소득 환수'가 아닌 분양원가 공개에 목을 매게 된 것이다. 국민들을 잘못 계몽해 국민들의 관심을 엉뚱한 곳으로 분산시켰다는 점에서 일부 시민단체들의 책임은 가볍지 않다. 선의(善意)가 모든 것을 용서하는 것은 아니다.

:: 우리 모두의 책임이다

위에서 살핀 것처럼 현금의 부동산 시장 불안이나 투기심리의 만연은 정부만의 책임이 아니다. 부동산 문제에 관한 한 한국사회 구성원 가운데 참여정부에 돌을 던질 수 있는 자격이 있는 사람은 그리 많지 않을 것이다. 따라서 참여정부에 모든 책임을 덮어씌우는 것은 비겁할 뿐 아니라 부당한 일이다. 지금 우리에게 필요한 것은 부동산 문제가 우리 모두의 책임임을 겸허히 인정하고 그 해결을 위해 힘을 모으는 것이다. 더 늦기 전에 말이다.

『OhmyNews』
2006. 10. 27.

뛰는 집값, 정권교체 기대감 때문?

"부동산 시장의 안정은 민생경제 회복과 기업경쟁력 강화를 위한 필수요건
으로 정부는 모든 정책적 역량을 집중해 부동산 문제를 해결해 나가겠다."

한명숙 총리가 6일 국회에서 대독한 노무현 대통령의 메시지다. 분양가 인하를 주요 골자로 하는 11·3 부동산 대책이 발표된 지 불과 사흘 만에 국정운영의 최고책임자라 할 대통령이 정부가 지닌 모든 수단을 동원해 부동산 문제를 해결하겠다고 천명할 만큼 부동산 시장은 위태롭다.

추석 이후부터 본격화된 수도권 지역의 아파트 가격 오름세가 예사롭지 않은 이유는 가격 상승의 폭이 크기 때문만은 아니다. 국민의 정부 말기부터 시작해 지금까지 계속되고 있는 부동산 가격 폭등은 이른바 '버블세븐'이라는 특정 지역, 그중에서도 아파트에 국한된 문제였다. '버블세븐' 이외의 지역은 부동산 가격 레이스에서 상대적으로 소외(?) — 가격안정 — 되었던 것이 사실이다.

:: 정권교체 기대감이 아파트 가격 폭등의 원인

또한 '버블세븐' 지역의 아파트 가격을 끌어올렸던 것도 '실수요'가 아니라 '투기적 가수요'였다. 쉽게 말해 '버블세븐' 지역에 소재한 아파트가 꼭 필요해서 구입한 사람보다는 투기목적으로 '버블세븐' 지역의 아파트를 구입하려고 한 사람들이 많았기 때문에 이 지역의 아파트 가격이 천정부지로 뛰었던 것이다. 저금리로 인한 시중의 풍부한 유동성이 이를 한결 수월케 했음은 새삼 부연할 필요가 없을 것이다.

그런데 추석 이후의 아파트 가격 상승은 '버블세븐'만이 아니라 수도권 전역에서 발견되고 있다. 또한 이 같은 아파트 가격 상승이 '투기적 가수요'보다는 실수요에 의해 주도되고 있는 것이 사실이다. 즉 정부를 믿고 집값이 안정되기만을 바라던 실수요자들이 불안한 심정으로 요동치는 부동산 시장을 주시하다가 더 기다리면 내 집 마련의 꿈이 영영 사라지겠다는 판단을 하고 대거 수도권 소재 아파트 구입에 나선 것이다. 역설적이게도 실수요자들은 추병직 장관의 검단신도시 건설발표를 참여정부의 부동산 정책이 한계에 도달했다는 신호로 해석했다. 아무튼 마음이 다급해질 대로 다급해진 실수요자들까지 대거 주택 구입에 나선 지금의 상황은 이전의 상황보다 다스리기가 한결 어려워진 것이 사실이다.

기실 대다수의 부동산 전문가들은 강력함에 정교함까지 갖춘 부동산 대책들이 연이어 나온 데다 두 차례의 금리인상까지 단행된 마당이라 주택 가격의 하향안정화라는 정부의 정책목표가 충분히 달성될 수 있을 것으로 예상했다. 그러나 이들이 한 가지 간과한 것이 있으니 그것은 바로 시장참여자들의 '기대심리'다. 바닥을 기는 여당의 지지율에 더해 5·31 지방선거가 한나라당의 압승으로 끝나자 정권교체 가능성이 부쩍 늘어났고 이에 수반하여 부동산 정책의 기조 — 특히 보유세 및 양도세 등의 세제부문 — 가 완전히 바뀔 것이라는 기대감이 부동산 시장에 급속도로 확산됐다.

:"더 오르기 전에 막차 타자" 무주택자도 구매 대열 합류

부동산 부자들이 이전보다 한층 높아진 보유세와 양도세에도 불구하고 버티기로 나선 데에는 정권교체에 대한 기대감이 가장 크게 자리하고 있다. 똑같은 이유로 무주택자들도 한나라당이 집권하게 되면 집값이 더 오를 테니 지금이라도 막차를 타야 한다며 무리하게 대출을 받아 주택 구입에 나서고 있다. 지방선거에서 참패한 여당의 집요한 요구에 시달리다 못한 정부가 공시가격 6억 원 이하 주택에 대해서 재산세 상승률을 인하한 조치도 큰 실수였다. 정부의 조치를 보유세 현실화 정책의 후퇴로 받아들인 시장참여자들이 너나 할 것 없이 아파트 구입에 나섰기 때문이다.

현금의 상황이 더 염려되는 이유는 지금의 부동산 가격 앙등이 사회적 양극화와 경기침체에 머무르지 않고 국민경제 전체를 수렁으로 몰아넣을 가능성을 내포하고 있다는 데 있다. 주지하다시피 80년대 말의 주택 가격 폭등과 지금의 그것은 근본적으로 사정이 다르다. 80년대 말 60% 정도에 머물던 주택 보급률이 지금은 100%를 넘는다. 즉 주택이 부족하지 않음에도 불구하고 주택 가격은 천정부지로 뛰고 있는 것이다. 이는 곧 주택 가격에 엄청난 거품이 형성돼 있다는 의미이다.

지난 역사를 보면 알 수 있겠지만 특정 자산에 형성된 거품이 위험수준을 넘어서면 반드시 폭발하였다. 부동산 버블 붕괴 이후 잃어버린 15년을 보낸 일본이 대표적인 사례이다. 부동산은 특히 금융부문과 밀접한 관련이 있기 때문에 부동산 버블 붕괴는 금융시스템의 총체적 부실을 야기할 가능성이 매우 크다. 세계 최강의 제조업 경쟁력을 자랑하는 일본조차 부동산 버블 붕괴의 후유증에서 아직까지 헤어 나오지 못하고 있는 걸 보면 부동산 버블 붕괴의 위력이 얼마나 강력한지 잘 알 수 있을 것이다. 대한민국이라고 해서 일본의 전철을 밟지 말라는 법은 없다. 지금 이곳저곳에서 나오는 소리들을 들어보면 이미 대한민국도 부동산 버블 붕괴 초읽기에 들어간 듯싶다.

:: 정부가 취할 수 있는 정책수단은?

정부의 최대 고민은 정부에서 사용할 수 있는 정책수단이 별로 없다는 데 있다. 투기적 가수요 억제에 가장 효과적인 보유세 카드는 8·31대책으로 이미 사용한 상태다. 물론 보유세율을 지금보다 더 높이고 과세 대상도 더 늘리는 방안을 추진할 수는 있겠지만 지금과 같은 정치지형과 국민여론을 감안할 때 이를 입법화하기란 어려운 노릇이다. 금리 인상도 정부가 사용할 수 있는 정책수단은 아니다. 집값을 안정시키자고 금리를 인상시키면 가뜩이나 어려운 경제에 치명적인 타격을 미칠 수 있기 때문이다. 분양원가 공개 및 이를 통한 분양가 인하, 후분양제의 추진도 집값 안정에는 별 도움이 되지 않는다. 거듭 강조하거니와 분양원가 공개 및 이를 통한 분양가 인하는 최초 분양자에게만 혜택을 미칠 뿐이다.

지금 단계에서 정부가 시장에 큰 충격을 주지 않으면서 취할 수 있는 정책수단은 크게 두 가지이다.

첫째, 정부는 앞으로 분양할 2기 신도시 및 3기 신도시의 분양 방식을 토지 임대부 건물 분양방식으로 추진하는 방안을 적극적으로 검토해야 한다. 토지 임대부 건물 분양방식은 분양가격을 획기적으로 낮출 뿐 아니라 토지 불로소득이 발생할 여지가 적기 때문에 실수요자 위주로 청약이 이루어지게 된다. 만약 앞으로 수도권에 공급될 신도시들을 토지 임대부 건물분양 방식으로 분양하게 되면 신도시는 물론이고 주변 집값도 안정시키는 효과를 발휘할 수 있을 것이다.

둘째, 부동산 투기를 한결 쉽게 만들고 있는 주택담보대출에 대한 관리를 보다 강화할 필요가 있다. 예컨대 1가구 2주택 이상 소유자 및 고가의 1주택 소유자가 주택 담보대출을 받아 신규로 주택을 구입하려고 하면 금융기관들이 대출을 해 주지 않거나 초고율의 이자를 부과하는 식의 접근이 필요할 것이다.

고강도 부동산 대책을 마련했음에도 불구하고 부동산 시장이 진정되지 않는 데 대해 정책당국자들이 당황하는 것도 무리는 아니다. 그러나 이럴 때일수록 정책당국자들은 냉정하게 시장을 응시하며 침착하게 대응해야 할 것이다. "급할수록 원칙에 충실하라."는 격언이 있다. 부동산 정책 당국자들에게 꼭 전해 주고 싶은 말이다.

『OhmyNews』

2006. 11. 7.

한나라당, 집부자 1%를 옹호하나?

언론의 보도에 따르면 한나라당이 소득세법 개정안을 10일 국회 상임위에 제출했다 한다. 한나라당이 제출한 소득세법 개정안을 보면, 양도세는 장기보유 특별공제를 폐지하는 대신 보유 기간에 따라 다른 세율을 적용시켜 사실상 감세 효과가 나도록 했다. 특히 1가구 2주택 이상 소유자에 대해 50%의 단일세율을 매기는 현행 법안을 폐지하는 내용이 포함되어 있는 것이 눈에 띈다.

이미 한나라당은 지난 9월 14일 국회 재경위 전체 회의에 종합부동산세(종부세) 부과 대상을 현행 '기준시가 6억 원 이상'에서 '9억 원 이상'으로 올리고, 과세방법도 현행 세대별 합산에서 인별 합산으로 전환하는 내용을 핵심으로 하는 종부세법 개정안을 제출한 바 있다. 만약 한나라당이 제출한 종부세법 개정안 및 소득세법 개정안이 원안 그대로 국회를 통과한다면 8·31대책은 사실상 백지화되고 만다.

::부동산 투기에 기름을 붓는 한나라당

주지하다시피 현금의 부동산 시장은 곳곳에서 버블붕괴에 대한 경고음이 나올 정도로 위험천만한 상태이다. 투기적 가수요에 실수요까지 가세해 부동산 시장을 극도로 불안하게 만들고 있는 것이다. 상황이 한결 나쁜 것은 부동산 시장 안정화를 위해 정부가 사용할 수 있는 정책수단들이 극히 제한돼 있는데다 부동산 정책에 대한 국민들의 신뢰도가 땅에 떨어져 있다는 점이다.

이럴 때일수록 정부와 여야, 언론, 시민단체, 학계가 모두 머리를 맞대고 부동산 시장 안정화 대책을 마련하는 데 힘을 모아야 한다. 국민들도 그걸 간절히 바라고 있다. 그러나 국민들의 여망을 아는지 모르는지 한나라당은 오히려 부동산 투기를 부추기는 행보를 거듭하고 있으니 참으로 개탄스런 일이 아닐 수 없다.

부동산 문제의 근원이 부동산 소유로 인해 생기는 불로소득임은 세상이 다 아는 일이다. 따라서 부동산 문제를 근본적으로 해결하기 위해서는 부동산 소유를 통해 발생하는 불로소득을 차단하거나 공적으로 환수하는 방법 이상의 것이 없다.

국민의 정부 말기부터 시작돼 지금까지 맹위를 떨치고 있는 부동산 투기가 부동산 불로소득을 좇는 투기적 가수요 때문임은 널리 알려진 사실이다. 만약 부동산 불로소득의 대부분을 차단하거나 환수한다면 부동산 불로소득을 추구하는 투기적 가수요가 사라질 것이고 부동산 시장은 급속히 안정을 찾을 것이다. 흔히 부동산 불로소득의 차단 및 환수에 가장 효과적인 수단이 토지보유세의 강화라고 알려져 있다. 참여정부의 부동산 정책, 그중에서도 8 · 31

대책이 나름대로 평가를 받는 이유 중의 하나가 바로 보유세 현실화 정책의 채택 때문이었다.

그러나 한나라당은 참여정부가 8·31대책을 통해 겨우 틀을 잡은 부동산 세제부문의 성과를 일거에 무위로 돌리려 하고 있다. 위에서 살핀 것과 같이 한나라당이 제출한 종부세법 개정안을 보면 종부세 과세기준 금액을 현행 공시가격 6억 원에서 9억 원으로 상향 조정하고, 세대별 합산을 인별 합산으로 변경하는 등의 내용이 담겨 있음을 알 수 있다. 한나라당의 법률 개정안은 한 줌도 되지 않는 종부세 과세대상자들을 위해 지금도 가뜩이나 미약하기 이를 데 없는 보유세를 형해화시키겠다는 의도라고밖에는 달리 볼 수가 없다. 이는 정부더러 무장을 해제한 채 발톱까지 무장한 투기세력과 싸우라는 주문과도 같다. 모쪼록 한나라당은 토지보유세를 대폭 낮춘 채 불로소득을 추구하는 투기적 가수요를 잠재울 수 있는 방법이 있으면 알려주시기 바란다.

양도세도 사정이 고약하기는 마찬가지다. 비록 양도세가 동결효과라는 부작용을 수반하기는 하지만 이미 발생한 부동산 불로소득을 환수하는 대표적 장치임은 긴 설명이 필요치 않을 것이다. 사정이 이러함에도 불구하고 한나라당은 1가구 2주택 이상 양도세 중과를 폐지하는 개악안을 제출하여 부동산 부자들에게 꿈과 희망을 안겨주고 있으니 참으로 통탄할 노릇이다.

차기 대선에서 집권이 유력시되는 한나라당이 위에서 살핀 바와 같이 부동산 불로소득의 차단 및 환수를 위한 최소한의 장치들을 차례로 무력화시키려고 시도하고 있는 마당에 부동산 시장이 안정될 리가 있겠는가?

한나라당의 행태가 더욱 이해가 가지 않는 것은 한나라당이 정부가 8·31 부동산 대책을 발표하기 전인 지난해 7월 20일 종부세를 세대별로 합산과세하고, 1가구 다주택자에 대해 중과세를 해야 한다는 등의 당론을 발표한 바 있기 때문이다. 아무런 설명도 없이 기존의 당론을 1년 만에 완전히 뒤집는 한나라당의 행태는 보통 사람들의 상상력을 초라하게 만들기에 조금도 모자람이 없다.

한편 한나라당 소속 조세특위는 위와 같은 양도세 중과세 폐지와 관련해 "2~3개 주택 보유자는 투기자라기보다는 주택임대 시장 공급자 역할을 하고 있으므로, 주택 임대업자와 세금 차별을 두어선 안 된다."고 주장했다고 한다. 살다 보니 별 해괴한 소리를 다 듣는다. 이제는 투기꾼을 투기꾼이라고도 못 하는 시대가 도래하나 보다.

'세대별 합산'을 '인별 합산'으로 바꾼 이유가 "부부합산 과세의 위헌 소지"라는 조세특위의 주장도 궁색하기는 마찬가지다. 공공재산적 성격이 매우 강한 부동산을 일반 소득과 동일시하는 오류를 범하고 있다는 점, 모든 개별적인 경제주체가 부동산을 각각 소유하는 것이 일반적인 경제현상은 아니며 따라서 혼인을 통해 보유세 부담이 늘어난다고 해도 이는 마땅히 수인해야 하고 이는 혼인한 사람에 대한 차별이 아니라는 점, 모든 국민이 쾌적한 주거생활을 영위해야 한다는 것은 헌법상의 기본권이라는 점 등을 감안할 때 한나라당의 주장은 궤변에 불과하다.

::지금의 부동산 정책이 한나라당의 아킬레스건

위에서 꼼꼼히 살핀 것처럼 한나라당이 보이고 있는 일련의 행태는 부동산 시장 안정화를 해치고 부동산 투기를 조장하는 행위에 다름 아니라 할 수 있다. 1%의 부동산 부자들을 옹호하기 위해 부동산 버블이 폭발하건 말건 안중에도 없이 부동산 투기를 권하고 있는 한나라당이 집권하면 대한민국이 어떻게 될지 생각만 해도 아찔하다. 한나라당이 부동산 버블의 붕괴로 말미암아 만신창이가 된 대한민국을 책임질 생각이 아니라면 부동산 투기를 부추기는 행동을 당장 그만두어야 할 것이다. 지금과 같은 한나라당의 부동산 정책 기조는 대한민국과 한나라당 모두를 불행하게 만들 뿐이다.

대한민국 국민들은 IMF 외환위기를 불러온 한나라당의 전비(前非)를 잘 기억하고 있다. 기실 97년 대선에서 한나라당이 정권재창출에 실패한 주요 원인 중 하나가 IMF 외환위기에 따른 책임론 때문이었다. 만약 한나라당이 기존의 부동산 정책 기조를 계속 고집한다면 국민들은 한나라당을 부동산 버블을 불러온 정당이라고 여기게 될 것이다. 지금까지 온통 참여정부를 향해 쏟아지던 비난이 한나라당을 향할 수도 있다는 말이다.

흔히 지방선거는 과거를, 대통령 선거는 미래를 향해 하는 선거라고들 한다. 과연 국민들이 다음 대선에서 상위 1%의 부동산 부자들만을 위해 부동산 정책을 펴온 한나라당에게 표를 던질까? 비록 지금 한나라당에 대한 지지도가 높다 한들 대한민국 국민들이 그렇게까지 퇴행적(退行的)이라고 생각되지는 않는다. 물론 한나라당은 그렇게 생각하지 않을 것이다. 바로 그 지점에 한나라당의 비극이 싹트고 있다.

『OhmyNews』
2006. 11. 13.

:: 공급확대론에 백기투항한 참여정부

이른바 11·15 부동산 종합대책이 발표된 지 일주일가량 지났다. 11·15 부동산 종합대책의 핵심내용은 주택 공급확대와 금융규제 강화로 정리할 수 있을 것이다. 이를 좀 더 구체적으로 살펴보면 6개 신도시를 비롯한 공공택지 내에 최대 12만 5,000가구에 달하는 주택을 추가 공급하고, 공공택지 내 아파트 분양가를 25% 인하하며, 주택담보대출에 대한 규제를 강화하는 것 등이다. 비록 주택담보대출 규제 강화라는 방안이 포함돼 있기는 하지만, 11·15 부동산 종합대책의 핵심은 역시 '주택공급 확대'라고 해야 할 것이다.

기실 11·15 부동산 대책은 매우 중대한 함의(含意)가 담긴 대책이다. 주지하다시피 참여정부의 부동산 대책은 투기적 가수요 억제와 공급확대가 그런대로 균형을 이룬 상태였다. 미흡한 점이 적지 않았음에도 불구하고 참여정부의 부동산 정책이 나름대로 평가를 받았던 것은 바로 이 때문이었다. 그런데 11·15 부동산 대책은 참여정부의 부동산 대책이 공급확대로 현저히 기울어졌음을 의미한다. 물론 청와대에서는 이를 강력히 부인하고 있지만 시장에서는 더 이상 청와대의 목소리에 귀를 기울이지 않는다.

아무튼 참여정부는 현재 시점에 취할 수 있는 부동산 정책 중에서는 가장 나쁜 정책을 취한 셈이다. 지금과 같이 부동산 불로소득을 쫓는 투기적 가수요가 시장에 만연한 상황에서 공급을 조금 더 늘려봐야 투기심리만 부추기기 때문이다. 이론상 거의 무한대로 팽창하는 투기적 가수요를 공급을 통해 진정시키려면 압도적 규모의 주택을 그것도 당장 공급해야 하는데 그럴 수 있는 방법은 세상에 존재하지 않는다. 또한 투기적 가수요로 인해 급등한 집값을 안정시키기 위해 대규모로 주택 공급을 한 후 투기적 가수요가 사라지고 나면 과잉공급으로 인해 주택 가격이 폭락할 가능성이 크다.

궁지에 몰린 참여정부가 공급확대라는 독배를 마신 건 참으로 안타까운 일이다. 그런데 여기서 우리가 눈여겨봐야 할 것은 투기적 가수요 억제 대신 공급확대를 택한 참여정부가 마치 누군가의 주문(注文)에 따라서 움직이는 것처럼 보인다는 사실이다. 그렇다. 눈 밝은 독자들은 금방 눈치를 챘겠지만 정부의 11·15 부동산 대책의 배경에는 조중동의 그림자가 짙게 드리워져 있다.

::11·15 부동산 대책 = 조중동의 승리

예언은 성취되었다. 조중동의 예언대로 수도권 주택 가격은 폭등했고 정부는 전면적인 공급확대정책을 채택해 항복을 선언했다. 과연 조중동은 위대하다. 조중동이 발명하여 널리 유포시킨 '세금폭탄론'과 '공급확대론'(수급불균형론)은 참여정부의 부동산 정책을 무력화시키기에 조금도 모자람이 없었다. 조중동은 프레임(frame)의 중요성을 너무나 잘 알고 있었다.

조중동이 제작한 '세금폭탄론'과 '공급확대론'이라는 프레임에 갇힌 대한민국 국민들은 조중동의 주장이 사실이 아님을 증명하는 증거들이 여기저기서 적지 않게 제시됐지만 이를 외면했다. 대부분의 사람들이 자신들의 인식체계 내에 최초로 구축된 프레임을 고집스레 유지한다는 점, 일단 한 번 자리 잡은 프레임은 이에 부합하는 주장과 정보들만을 수용한다는 점을 조중동은 무섭도록 정확히 알고 있다.

게다가 조중동은 근면하기 이를 데 없다. 이들은 틈만 나면 참여정부의 부동산 정책을 '세금폭탄론'과 '공급확대론'으로 공격했다. 조중동의 공격은 집중력이 있었고 끈질겼다. 매일처럼 이들이 발행하는 신문을 보는 독자들이 조중동의 논리에 세뇌(brainwashing) 당하지 않기란 어려운 일이었다.

조중동은 예언자(prophet) 노릇도 했다. 참여정부의 반(反)시장적 부동산 정책은 결코 성공하지 못할 것이고 자신들의 주장(수요가 있는 곳에 공급을 충분히 하라)을 따르지 않는 한 집값은 계속 오를 것이라는 게 조중동이 한 예언의 골자였다.

결국 조중동은 승리했다. 조중동의 주술(呪術) 탓인지 수도권 집값은 폭등을 거듭했고 참여정부의 부동산 정책은 투기적 가수요 억제에서 공급확대로 무게 중심을 옮겼다. 11·15 부동산 종합대책의 최대 승자는 조중동이라고 해도 과언이 아니다.

지금의 조중동을 보면 문득 쉐프터(Martin Shefter)와 긴스버그(Benjamin Ginsberg)가 말한 바 있는 '다른 수단에 의한 정치'가 생각난다. 행정부와 의회가 제 기능을 하지 못하면서 언론 등의 힘이 지나치게 커지는 현상을 '다른 수단에 의한 정치'라고 하는데, 현재의 한국사회 그중에서도 부동산 시장을 이 개념만큼 정확하게 설명하는 개념도 그리 많지 않을 성싶다.

적어도 조중동은 부동산 시장에서만큼은 또 하나의 정부(政府)이다. 유감스러운 건 이 정부가 1%에 해당하는 부동산 부자들만을 편애한다는 점이다. 그리고 이 정부의 능력이 진정 놀라운 것은 나머지 99%의 국민들로 하여금 1%의 부동산 부자들의 운명과 자신들의 운명을 동일시하게 만들기 때문이다.

::아직도 배가 고픈 조중동

정부가 공급확대정책을 선택해 조중동에 사실상 투항했음에도 불구하고 조중동은 아직도 만족하지 않고 있다. 11·15 부동산정책에 대한 조중동의 평가를 보면 그런 사실을 잘 알 수 있다.

11·15 부동산정책에 대한 조중동의 평가는 대체로 아래와 같다.

"정부가 이제야 시장원리를 따르려는 듯해 다행스럽다. 그러나 강남 수요를 충족할 신도신 건설이나 재건축 규제 완화 방안이 빠져 있는 것과 보유세 및 양도세 경감방안이 포함되지 않은 점은 매우 아쉽다."

결국 참여정부의 부동산 정책이 조중동으로부터 칭찬을 받으려면 아직도 갈 길이 먼 셈이다. 한 가지 분명한 건 참여정부의 부동산 정책이 조중동으로부터 상찬(賞讚)을 받는 때가 부동산 버블 붕괴가 임박한 순간이라는 사실이다. 가뜩이나 '비이성적 과열(irrational exuberance)'이 지배하고 있는 현금의 부동산 시장에 조중동의 처방이 더해진다면 부동산 버블이 붕괴하는 시간이 훨씬 단축될 테니 말이다.

『OhmyNews』
2006. 11. 22.

강남구민들! 그렇게 살면 행복하세요?

대한민국이 부동산 투기 광풍에 휩싸여 있는 가운데 강남구민들
이 또다시 '권리 투쟁'에 나서 다른 지방자치단체의 부러움(?)을 사
고 있다. 언론 보도에 따르면 강남구민들과 의회가 일치단결해 내달
납부 예정인 종합부동산세 개정에 적극적으로 나서고 있다고 한다.
언론 보도를 직접 인용해 보자!

"……23일 오후 서울 강남구 대치동 강남구민회관에서 '종합부동산세법
개정 촉구 결의안 채택에 따른 지역 주민 설명회'가 열렸다. 강남구 의회
가 지난달 31일 종합부동산세법 개정 촉구 결의안을 채택한 후 이에 대한
주민들의 문의전화가 끊이지 않자 결의안의 취지를 설명하기 위한 자리였
다. 강남구 내 115개 아파트 단지 입주자 대표들에게 설명회 개최 사실을
알린 결과 아파트 동(棟) 대표 등 83명과 주민 등 150여 명이 모였다. 한
나라당 공성진 의원도 참석했다.
설명회는 '종부세는 과세의 효율성, 형평성을 무시한 무리한 폭등 과세이기
때문에 부과 기준을 공시지가 6억 원 이상에서 9억 원 이상으로 완화해야
한다.'는 내용의 결의문을 낭독한 후 주민들의 자유토론으로 이어졌다.

……강남구의회가 종부세 개정 촉구 결의안을 채택한 것은 8월 말 대치동 미도아파트를 시작으로 청실아파트, 쌍용 1·2차 아파트 주민들이 차례로 종부세법을 고쳐 달라는 탄원서를 냈기 때문이다. 탄원서에 서명한 주민들은 4개 아파트 단지 6,000여 명이다. 구의회는 주민들의 요청을 받아들여 결의안을 채택한 후 이를 열린우리당, 한나라당, 재정경제부 등에 보냈다. 강남구의회 관계자는 '강남을 부자동네라고 하지만 집 한 채가 전 재산인 주민들이 더 많다.'며 '종부세에 대한 주민들의 반발이 워낙 강해 개정 촉구 결의안을 채택했다.'고 말했다."(《중앙일보》 11월 24일자)

자유민주주의 국가에서 자신의 권리를 지키기 위해 노력하는 것이야 당연한 일이겠지만, 강남구민들의 종부세 저항 운동은 자신의 권리를 지키는 차원을 넘어서 다른 사람의 권리를 침해하는 수준에 이르렀다는 데 문제의 심각성이 있다.

::강남구민들의 주장이 잘못된 이유

강남구민들이 정부의 종부세 과세에 극력 저항하는 근거는 크게 종부세가 이중과세라는 점과 '세대별 합산' 과세 방식이 위헌 소지가 크다는 점이 꼽힌다.

그러나 종부세의 산출세액에서 과세 대상자가 이미 납부한 재산세를 차감한 후 종부세를 부과하므로 이중과세 지적은 크게 잘못된 것이다. 종부세의 '세대별 합산' 과세 방식이 위헌 소지가 크다는 지적도 수긍할 수 없기는 마찬가지다. 공공재산적 성격이 매우 강한 부동산은 일반 소득과는 다르게 취급되어야 한다는 점, 모든 개별적인 경제주체가 부동산을 각각 소유하는 것이 일반적인 경제 현상은 아니며 따라서 혼인을 통해 보유세 부담이 늘어난다고 해도 이는 마땅히 수인해야 하고 이는 혼인한 사람에 대한 차별이 아니라는 점, 모든 국민이 쾌적한 주거생활을 영위해야 한다는 것은 헌법상의 기본권이라는 점 등이 종부세의 '세대별 합산' 과세 방식이 위헌이 아님을 증명한다.

위에서 상세히 살핀 것처럼 종부세 과세에 격렬히 저항하고 있는 강남구민들의 주장은 전혀 근거가 없는 것이다.

::종부세는 징벌적 세금이 아닌 사회적 서비스에 대한 대가

강남구민들이 종부세 부과에 대해 느끼는 반응을 한마디로 요약하면 "억울하다."가 될 것이다. 쉽게 말해 "가진 것이라고는 달랑 아파트 한 채뿐인 서민들이 강남구민 가운데 대부분인데 정부가 뭘 해 줬다고 이토록 무지막지하게 세금을 거두느냐?"는 것이다. 강남구민들은 몇 가지 심각한 착각을 하고 있다.

첫째, 강남구민들은 정부가 자신들에게 해 준 것이 아무것도 없다고 주장하고 있는데 배은망덕도 이런 배은망덕이 없다. 익히 알다시피 강남구의 아파트 가격이 상상을 초월할 만큼 높은 이유는 무엇보다 사회적 인프라, 즉 도로, 지하철, 공원, 의료시설, 학교, 상권 등이 다른 지역에 비해 월등히 좋기 때문이며 이는 곧 삶의 질이 타 지역에 비해 높다는 것을 의미한다. 강남구민들도 자신들이 대한민국에서 가장 좋은 곳에 살고 있다는 데에는 대부분 동의할 것이다. 물론 강남에 구축된 사회적 인프라는 대부분 국세로 마련된 것이다. 사정이 이와 같은데 정부가 강남구민들에게 해 준 것이 없긴 왜 없나?

둘째, 강남구민들은 종부세를 징벌적 세금으로 인식하고 있다는 점이다. 강남구민들의 이런 인식은 전적으로 부당한 것이다. 종부세는 징벌적 세금이 결코 아니며, 국가와 사회로부터 받는 서비스에 대한 대가일 뿐이다. 어떤 서비스를 향유하는 데 대해 대가를 지불하는 것은 너무나 당연한 일이다. 아마 버스를 탈 때 요금 내는 것을 부당하게 여기는 강남구민들은 없을 것이다. 그런데 버스 요금과는 비교할 수조차 없이 값진 사회적 서비스를 이용하면서 그에 대한 대가를 지불하는 것에는 그토록 인색한 이유가 무엇인지 정녕 궁금하다.

셋째, 강남구민들은 권리만 알고 의무의 이행에는 인색하다. <부동산뱅크>에 따르면 2005년 4월 기준으로 강남, 서초, 송파 3개구의 아파트 시가총액은 무려 163조 1,968억 원에 이르며, 그중 강남구의 전체 아파트 가격 총액은 69조 4,307억 원에 이른다. 2002년 4월 현재 강남권역 3개구 아파트의 시가총액은 95조 7,744억 원이었다. 3년 만에 무려 67조 4,224억 원이나 폭등한 것이다. 이를 강남권 3개구 소재 아파트를 소유하고 있는 세대수로 나누면 한 세대당 1년에 평균 1억 1,395만 원, 3년 동안 3억 4,185만 원에 해당하는 불로소득을 얻은 셈이다. 1년간 발생한 전국 평균 자본이득이 2,887만 원임을 감안할 때 강남권 소재 아파트를 소유한 사람들이 취한 불로소득의 규모가 얼마나 큰지가 확연히 드러난다.

강남권역에 소재한 아파트가 본격적으로 가격 상승을 시작한 때가 2000년경이었다는 점, 2005년 4월 이후 최근까지 강남권역 3개구의 아파트 가격은 상승을 계속했다는 점 등을 감안한다면 이들이 취한 불로소득의 규모는 이보다 훨씬 클 것으로 보인다. 이처럼 천문학적 수준의 불로소득을 얻었다면 이에 따른 의무도 이행함이 마땅할 것이다.

그러나 강남구민들에게 이런 상식은 남의 나라 이야기에 불과하다. 이들은 불로소득을 개인이 독식하는 것은 당연하지만, 이에 따른 세금을 내는 것은 부당하다고 강변한다. 이들의 행태는 권리만 알고 의무는 모르쇠했던 조선시대 양반들의 작태와 놀랍도록 유사하다. 혹시 강남구민들이 지금의 대한민국을 반상의 구분이 엄연하던 조선시대와 혼동하는 것은 아닌지 심히 염려된다.

:: 닫힌 사회를 지향하는 강남구민들

이미 강남구민들은 지난 6월 재산세를 인하해 대한민국 국민들을 아연실색게 한 적이 있다. 강남구민들은 이에 만족하지 않고 이번에는 종부세를 손보기 위해 힘을 모으고 있다. 아마 강남구민들은 자신들의 선택이 현명하다고 생각할 것이다.

그러나 최소한의 공동체 의식도 없이 자신들만의 협애한 이익을 위해 집단행동에 나서고 있는 강남구민들을 바라보는 대한민국 국민들의 시선은 싸늘하기 이를 데 없다. 하긴 사회적 노략질이라 할 부동산 불로소득은 불로소득대로 챙기고 그에 부과되는 경미한 수준의 세금은 납부하길 거부하는 강남구민들의 행태가 이해되기란 어려운 일이다.

안타까운 것은 강남구민들이 스스로 사회에서 고립된 섬이 되길 원하는 것처럼 보인다는 사실이다. 즉 강남구민들은 열린사회가 아니고 닫힌 사회를 원하는 셈이다. 닫힌 사회를 지향하면서 열린사회의 적으로 자신들을 자리매김하는 강남구민들! 그렇게 살면 행복하세요?

『OhmyNews』
2006. 11. 27.

참여정부의 부동산 정책을 평가한다

추석 이후 급등세를 보이던 부동산 시장이 안정될 기미를 보이고 있다. 물론 내년 초가 부동산 시장 안정에 중대한 고비가 될 것으로 보이는 만큼 안심하기는 아직 이른 것이 사실이다. 국민의 정부 말기부터 시작돼 지금까지 계속되고 있는 부동산 투기 및 가격 상승이 특히 놀라운 이유는 정부의 각종 부동산 대책에도 아랑곳하고 있지 있다(?)는 점 때문이다. 기실 노태우 정부가 도입했던 토지공개념 3법을 제외하고는 가장 강력하고 정교하다는 평가를 받는 것이 참여정부의 부동산 대책이고 보면 이 점은 쉽게 납득이 가지 않는다.

분명한 것은 참여정부가 추진했던 부동산 정책에 대한 공정하고도 객관적인 평가가 별로 이루어지지 않았다는 사실이다. 한나라당과 조중동으로 상징되는 수구언론은 참여정부의 부동산 대책을 헐뜯는 데만 혈안이 됐고 일부 시민단체들도 그와는 다른 차원에서 정부의 부동산 대책을 날카롭게 비판하곤 했다. 반면 청와대와 정부는 자신들이 입안하고 추진한 부동산 정책에 대해 과도한 상찬(賞讚)과 자신감을 표명하기 일쑤였다. 이래가지고서야 어떻게 참여정부의 부동산 정책이 지닌 성과와 한계를 정확하게 점검할 수 있겠는가? 무릇 개인이건 국가건 과거의 성과와 한계를 냉정하게 평가해서 성과는 계승·발전시키고 한계는 극복해야 더 나은 미래가 펼쳐지는 법이다.

부동산 문제가 중요한 화두로 부각될 것이 분명한 차기 대통령 선거가 불과 1년도 남지 않은 지금 참여정부의 부동산 정책이 이룬 성과와 한계를 객관적으로 평가해 보는 것은 그래서 반드시 필요하다.

::참여정부 부동산 정책의 성과들

(1) 경기 불황기에도 부동산 경기부양책을 쓰지 않은 점

역대 정부들은 경기불황기에 어김없이 부동산을 통해 경기를 부양하려고 시도한 것이 사실이다. 멀리 갈 것도 없이 국민의 정부만 해도 분양가 상한제 폐지, 분양권 전매 제한 완화, 취·등록세 인하 등의 조치를 통해 경기를 부양시키려 했다. 이와 같은 부동산 투기 조장정책이 지금까지 계속되고 있는 부동산 가격 폭등의 씨앗이 되었음은 누구도 부인하기 힘들 것이다.

참여정부는 불황으로 인해 부동산을 통한 경기부양의 유혹을 크게 받았을 것이 분명함에도 불구하고 이를 잘 인내했다. 아마 참여정부는 인위적인 경기부양책, 그중에서도 특히 부동산을 통한 경기부양이 장래 국민경제에 큰 해(害)가 될 것이라고 생각하고 대한민국의 미래를 위해 이를 사용치 않은 것으로 판단되는데 이 점은 높이 평가받아 마땅하다.

(2) 부동산세제(稅制) 개혁 및 개발이익 환수장치의 정비

부동산 세제 개혁은 참여정부의 부동산 정책 가운데서 단연 첫손에 꼽힐 만큼 훌륭한 업적이다. 투기적 가수요 억제에 가장 효과적인 보유세의 현실화를 추구한 점, 보유세 강화와 거래세 인하를 동시에 추진한 것, 부동산 과다 보유자에 대해 양도세를 강화한 것 등은 부동산 시장 정상화를 위해 반드시 필요한 조치였다. 아울러 개발부담금제 및 기반시설부담금제, 재건축 초과이익환수제 등의 개발이익환수장치들을 재도입하거나 정비한 것도 참여정부의 치적 가운데 하나이다.

(3) 부동산 거래의 투명성 제고

부동산 실거래가 신고 의무화 및 등기부 등재 등을 통한 부동산 거래 투명성을 제고한 것도 참여정부 부동산 정책 가운데 칭찬할 대목이다.

(4) 서민용 장기임대주택 공급 확대 추진

서민용 장기임대주택 공급 확대를 지속적으로 추진하고 있는 것도 참여 정부의 치적 중 하나이다. 참여정부는 2003년부터 지금까지 서민용 장기임대주택 37만 호를 지었는데 이는 역대 정부가 지은 것을 다 합친 것보다 많은 분량이다.

(5) 토지 소유 분포 통계를 대한민국 역사상 최초로 공개

토지 소유 분포 통계 등을 공개한 것도 참여정부가 잘한 일 가운데 하나이다. 토지 및 주택 소유 분포 통계를 공개하는 것은 워낙 민감한 사안이라 대부분의 국가에서 시행하고 있지 않다. 이런 사정을 감안할 때 참여정부의 결정이 더욱 값지다 할 것이다.

:: 참여정부 부동산 정책의 한계

가. 정책적 차원에서

(1) 부동산 문제를 근본적으로 해결할 청사진의 부재

참여정부가 출범할 당시 부동산 문제를 근본적으로 해결할 청사진을 지니고 있지 못했다는 점은 매우 아쉬운 대목이다. 만약 참여정부가 출범 초기에 부동산 문제를 근본적으로 해결할 새로운 패러다임(예컨대 '시장 친화적 토지공개념'과 같은)을 천명하고 이를 그대로 밀고 나갔더라면 부동산 시장은 안정을 찾을 가능성이 컸다.

참여정부가 그간 내놓은 부동산 대책들을 보면 부동산 시장 상황에 따라 대응한 성격이 강한데 이는 시장의 내성(耐性)을 키우는 부작용을 낳았다.

(2) 상호 모순되는 효과를 낳는 정책들의 병행추진

부동산 투기에 대해 상호 모순되는 효과를 낳는 두 가지 정책을 동시에 추진해 왔다는 점도 지적하지 않을 수 없다. 부동산 투기 억제책과 행정복합도시·기업도시·혁신도시 등 각종 개발 정책을 동시에 추진했다든지, 불로소득 환수정책과 공급확대책을 동시에 발표했다든지 하는 것이 대표적이다.

부동산 투기를 억제하고 토지 불로소득을 제대로 환수한다면 균형발전은 자연스럽게 이루어질 텐데, 인위적으로 지방에 각종 개발 사업을 추진하고 토지 불로소득을 지방에 나누어 주는 방식으로 균형발전 정책을 추진한 것은 잘못된 선택이라고 평가할 수 있을 것이다. 부동산 불로소득을 철저히 차단하거나 환수할 장치의 마련 없이 추진된 기업도시 등은 천문학적 규모의 토지보상금이 다시 부동산 투기를 부추기는 등의 문제점을 낳았다. 또한 공급확대책은 확실한 불로소득 차단 및 환수대책 없이 추진될 경우 투기의 불쏘시개로 작용하기 마련인데, 참여정부의 부동산 정책은 이 점을 간과하였다.

(3) 미흡한 보유세 현실화

보유세 강화 정책이 기대에 못 미친다는 점도 매우 아쉽다. 정부는 작년에 발표한 5·4대책에서 2017년까지 보유세 실효세율을 1%로 하겠다고 천명한 바 있는데 이 같은 정부의 입장이 슬그머니 후퇴한 것이다.

2005년 9월 21일 재정경제부는 8·31대책의 주택 보유세 시뮬레이션 결과를 일부 공개하면서, 2009년까지 종합부동산세 대상자의 보유세 실효세율은 0.89%로, 전체 보유세 대상자의 보유세 실효세율은 0.36%로 올라가고(2005년 현재 두 비율은 각각 0.58%, 0.20%), 2017년까지는 각각 1.04%, 0.61%로 올라갈 것이라고 밝힌 바 있다.

부동산 투기라는 망국병을 앓으면서 우리 사회가 이루어온 귀중한 국민적 합의라고 할 수 있는 '보유세 실효세율 1% 달성'이라는 목표를 정부 스스로 철회하고 만 셈이다.

소위 '세금폭탄론'을 내세운 수구 언론의 맹렬한 공격 탓도 있겠지만 어쨌든 몹시 아쉬운 것이 사실이다. 물론 참여정부는 조세저항을 최소화시키기 위해 이런 고육책을 마련했겠지만, 보유세의 과세 대상과 실효세율을 지나치게 한정시킨 것은 부동산 보유자는 마땅히 사회로부터 받는 혜택에 상응하는 보유세를 납부해야 한다는 또 하나의 중요한 원칙을 허무는 것이라 할 수 있다.

(4) 토지와 건물의 미구분

토지와 건물을 구분해서 토지세 중심으로 보유세를 강화하고자 하는 인식이 없다는 점도 참여정부 부동산 정책의 문제점 중 하나이다. 보유세가 미미한 현재의 상황에서는 토지와 건물의 구분이 별 의미가 없는 것처럼 보이지만, 보유세를 강화해 갈수록 건물 공급이 줄어드는 등의 부작용이 나타날 수 있기 때문이다.

(5) 무늬뿐인 조세대체 효과

참여정부 부동산 정책의 고갱이라 할 보유세가 국민들로부터 광범위한 지지를 받기 위해서는 반드시 타 조세의 감면이 병행되어야 했는데 현실은 그렇지 못했다. 심지어 가장 협의의 조세대체라 할 부동산 취·등록세의 감면조차 실거래가 과세로 인해 세액이 오히려 증가하는 문제점을 노정했다.

(6) 불충분한 개발부담금제

개발부담금제가 다시 도입되기는 했지만, 부과 대상이 너무 제한적이어서 누락되는 개발 사업들이 적지 않고, 부과율 또한 낮아서(25%) 개발이익 환수의 효과가 작았다는 기존 제도의 결함을 보완하지 않고 있다는 문제점이 있다.

나. 정치의 영역에서

(1) 잇따른 증세정책으로 인해 보유세 등의 정책효과가 상쇄

정부는 비전2030과 같은 증세정책을 발표한 바 있다. 선진국에 비해 아직도 대단히 열악한 대한민국의 복지수준을 감안할 때 정부의 정책에도 분명 일리가 있다. 그러나 증세는 매우 민감한 문제이다. 참여정부가 추진한 부동산 정책 가운데 가장 소중하다 할 보유세 현실화 정책이 증세정책의 일환으로 국민들에게 받아들여져 그 정책효과가 반감된 건 매우 아쉬운 대목이다.

만약 참여정부가 토지 보유세는 대폭 올리고 다른 세금, 예컨대 자동차세같이 국민들이 직접 체감할 수 있는 세금들을 과감히 감면했더라면 이른바 '세금폭탄론'이 저토록 맹위를 떨치지는 못했을 것이다. 일각에서 가렴주구(苛斂誅求)를 일삼는 정부라는 부당한 평가까지 들어가면서 보유세제를 안착시키고자 노력했던 참여정부는 부동산 시장마저 안정을 찾지 못하자 말 그대로 사면초가의 상황으로 몰리게 됐다.

(2) 대통령 이하 정책당국자들의 과도한 장담

참여정부는 자신들이 발표한 부동산 정책의 효과에 대해서 지나칠 만큼 호언장담을 거듭했다. 물론 참여정부의 부동산 대책이 매우 강력한 것은 사실이지만 정부의 의지만으로 부동산 시장이 안정되는 것은 아니다. 지금과 같은 저금리 여건 속에서는 더욱 그러하다. 그러나 노무현 대통령 이하 고위 관료들은 "강남이 불패면 대통령도 불패다.", "헌법만큼 고치기 어려운 부동산 정책을 만들겠다.", "이제 부동산 투기는 끝났다."는 등의 발언을 쏟아내며 자신들이 만든 부동산 정책을 과신했다. 정부의 호언장담에도 불구하고 여전히 부동산 시장이 불안하자 정부를 믿었던 국민들은 기대했던 것 이상으로 실망하게 됐고 정책의 신뢰도는 급속히 추락했다.

만약 노무현 대통령 이하 고위 관료들이 "부동산 가격을 안정시키는 것은 정부의 노력만으로 되는 일이 아니다. 국민 여러분들이 도와주셔야 한다. 부동산 투기 없는 좋은 세상을 만들기 위해 우리 함께 고민해 보자."라고 하면서 겸손하게 국민들의 동의와 설득을 구했다면 어땠을까 하는 아쉬움이 남는다.

::대선 잠재후보들에게 바란다

위에서 참여정부 부동산 정책의 성과와 한계에 대해서 조목조목 평가해 보았다. 분명한 사실은 현금 부동산 시장의 위기는 몇몇 미시적 대책이나 대증처방을 가지고는 해결할 수 없다는 점이다.

설령 현금 부동산 시장의 위기가 큰 탈 없이 수습된다 하더라도 부동산 문제의 근본원인이 해소되지 않는 한 부동산 시장의 위기는 주기적으로 재연될 가능성이 매우 높다. 뿐만 아니라 부동산 문제는 최근 심화되고 있는 사회적 양극화, 한국경제의 고질이 된 고비용·저효율 구조, 근로의욕 저하 등의 가장 큰 원인이기도 하다. 한마디로 부동산 문제의 근본적 해결 없이는 대한민국이 선진국으로 올라설 수 없다.

모쪼록 차기 대선에 출마할 마음이 있는 잠재후보들은 이런 점들을 깊이 깨달아 부동산 문제를 근본적으로 해결할 새로운 패러다임을 대선공약에 반드시 포함시키기를 바란다. 참여정부 부동산 정책의 성과는 한층 발전시키고 한계는 지양하는 내용들이 그 패러다임 안에 담겨 있어야 함은 물론이다.

이 칼럼은 전강수 교수(대구가톨릭대 부동산 통상학부)가 쓴 '부동산 시장 변화와 참여정부 부동산 정책'이라는 제목의 강연 자료에 크게 힘입었음을 밝힙니다.

『OhmyNews』
2006. 12. 25.

'분양원가 공개' 만병통치약 아니다

얼마 전까지 계속된 부동산 가격 폭등으로 유명해진 인사 가운데 경실련 아파트값 거품빼기운동본부장을 맡고 있는 김헌동 씨를 빼놓을 수 없을 것이다. 김 씨는 각종 언론과의 인터뷰 및 정책토론회 참석 등을 통해 참여정부와 여야를 싸잡아 비판하며 분양원가 공개 및 후분양제 도입이 부동산 문제 해결의 첩경임을 설파해 왔다.

김 씨가 자주 사용하는 직설적 표현과 유창한 화술 덕분인지 그는 적지 않은 대중적 인기를 누리고 있다. 쉽게 말해 김헌동 씨는 적어도 부동산 분야에서는 매우 돋보이는 시민운동가인 셈이다.

그러나 녹녹지 않은 대중적 인기와 그에 따르기 마련인 상징권력을 지닌 김 씨가 한국사회의 고질인 부동산 문제의 해결에 제대로 기여하고 있는지에 대해서는 회의적이다. 돌이켜 보면 부동산 문제의 원인 및 해법에 대한 김 씨의 주장이 객관적으로 평가된

적은 없었던 것 같다. 최근 김 씨가 뷰스앤뉴스와 한 인터뷰(2007. 5. 14.)를 보면서 부동산 문제에 대한 김 씨의 주장에 대해 엄정한 평가(더 정확히 말하면 비판)를 더 미뤄서는 안 된다는 생각이 들었다.

::김 씨는 보유세의 함의를 알기나 하나?

김 씨는 뷰스앤뉴스와의 인터뷰에서 참여정부의 부동산 정책이 철저히 실패했다고 말했다. 참여정부의 부동산 정책에 대한 김 씨의 평가를 직접 들어보자!

> "그렇다. 철저히 실패했다. 참여정부의 부동산 정책의 골자는 세제강화와 공급확대 두 가지다. 임기 5년간 또 앞으로 퇴임 후까지 건설물량만 잔뜩 늘려서 공급강화하고 세제강화까지 했지만 실제 세수가 얼마나 늘었나. 종부세는 늘어봐야 1년에 3조 원 수준이다. 땅값은 1년에 5백조 원이 뛰었고 아파트값은 1년에 1백조 이상 뛰었다. 이렇게 만들어 놓고 세금 3조 거둬서 80~90% 국민에게 무슨 도움이 됐나. 종부세 거둬서 집 없는 서민들에게 나눠주기라도 할 텐가. 참여정부는 자신들의 정책 실패를 아직도 반성하지 않고 바로잡을 생각조차 못하는 우매하고 무능한 정권이었다. 결국 소위 반쪽짜리 진보개혁세력들의 아집이 총집결한 게 참여정부의 부동산정책이다."

참여정부의 부동산 정책에 대해서 어떻게 평가하던 그건 김 씨의 자유다. 그러나 참여정부의 부동산 정책 가운데 가장 소중하다 할 세제개혁 — 그중에서도 보유세 — 을 폄하하는 김 씨의 단견은 반드시 짚고 넘어가야 할 성싶다.

주지하다시피 부동산 — 보다 엄밀히 말해 토지 — 문제는 부동산을 보유 또는 처분할 때 발생하는 불로소득이 가장 큰 원인이다.

부동산 불로소득을 추구하는 수요를 투기적 가수요라고 부르는데 국민의 정부 말부터 시작돼 최근까지 지속된 부동산 가격 폭등은 바로 이 투기적 가수요의 존재가 결정적이었다. 또한 부동산 불로소득을 차단하거나 환수하는 데는 보유세만 한 것이 없음은 경제학계의 상식이다. 기실 양도소득세나 각종 개발이익환수장치들도 보유세가 미약하기 때문에 필요한 장치들이다.

사정이 이러함에도 불구하고 김 씨는 보유세를 투기억제에 별로 중요하지 않은 수단으로 평가절하하는 듯한 발언을 서슴지 않고 있으니 참으로 개탄할 노릇이 아닐 수 없다. 보유세 없이 투기적 가수요를 잠재울 수 있는 방법이 있으면 김 씨가 한번 제시해 보기 바란다.

:: 부동산 시장의 경착륙이 필요하다는 김 씨의 위험천만한 인식

부동산 거품은 부동산 시장의 경착륙을 통해 제거해야 한다는 김 씨의 주장은 듣는 이들의 귀를 의심케 하기에 모자람이 없다. 김 씨의 육성을 직접 옮겨보자!

"풍선에 바람을 넣을 때는 바람이 들어가는 시간이 걸린다. 그러나 풍선에서 바람이 빠질 때는 순식간이다. 부동산 거품에 연착륙은 있을 수 없다. 지금 대한민국의 부동산전문가나 언론은 모두 연착륙돼야 한다고 말하고 있다. 그런데 국민의 80~90%는 연착륙보다 경착륙을 원한다. 거품 붕괴로 인한 타격 때문에라도 연착륙이 필요하다고 말하고 있는데 타격은 이미 거품이 낀 상태에서, 아니 발생할 때부터 서민들의 고통으로 나타난 것이다. 심리적, 경제적 고통이 얼마나 심했고 지금도 마찬가지 아닌가. 그런데 그 고통을 빨리 해소해 줘야지, 천천히 제거하는 게 좋겠나. 가령 사람이 돌에 깔렸다면 빨리 치워야 살 수 있지 않겠나. 80~90% 국민이 활력과 희망을 찾을 수 있도록 만들기 위해서는 거품을 빼야 한다."

건강한 사고를 가지고 있는 대한민국 국민이라면 누구나 부동산 거품이 꺼져야 한다고 생각한다. 그러나 이는 부동산 시장의 연착륙을 통해서 이뤄야 할 일이다. 부동산 시장의 경착륙을 통해 부동산 거품을 급격히 붕괴시키면 국민경제가 파국적 상황을 맞을 가능성이 높기 때문이다. 부동산 거품의 급격한 붕괴로 말미암아 '잃어버린 10년'을 보낸 이웃 나라 일본의 사례를 보면 이런 말이 실감날 것이다.

그러나 김 씨는 돌에 깔린 사람의 비유를 들면서 하루속히 부동산 거품을 제거해야 한다고 기염을 토하고 있다. 백 보를 양보하여 김 씨의 주장처럼 국민 가운데 80~90%가 부동산 시장의 경착륙을 원하고 있다고 치자! 그렇다고 해서 부동산 거품으로 인해 발생하는 것보다 여러 갑절의 해악을 불러올 부동산 시장의 경착륙을 택할 수는 없는 일이다.

모름지기 시민운동가라면 국민들이 듣고 싶은 얘기를 하는 것이 아니라 국민들이 알아야 할 얘기를 해야 할 것이다. 부동산 시장의 경착륙을 통해 부동산 거품을 급격히 붕괴시켜야 한다는 주장이 국민들이 듣고 싶어 하는 얘기인지, 알아야 할 얘기인지는 김 씨가 직접 판단해 보기 바란다.

::'분양원가 공개'가 만병통치약?

한편 김 씨의 주장을 차분히 따라가다 보면 도착하게 되는 종착역이 있는데 그 종착역의 이름은 바로 '분양원가 공개'이다. 김 씨에 따르면 부동산 가격 앙등의 주원인은 불철저한 분양원가 공개 및 검증이다. 쉽게 말해 불철저한 분양원가 공개 및 검증이 주변

시세보다 터무니없이 높은 아파트 분양가 책정을 가능케 하고 이는 다시 주변 아파트 시세를 끌어올린다는 것이다. 이런 전제 위에서 보면 김 씨가 철저한 분양원가 공개 및 검증을 부동산 투기를 잠재우고 부동산 시장을 안정시킬 수 있는 묘방으로 제시하는 것이 당연해 보인다. 김 씨의 발언을 직접 살펴보자!

> "지금의 아파트값 하락은 노무현 정부의 정책적인 결과가 아니다. 정책효과로 부동산 가격이 안정된 것이 아니라 터무니없이 비싼 분양가에 대한 정보와 현재의 고분양가에서 투자를 해 봤자 손해 볼 가능성이 크다는 자각이 주원인이다. 특히 언론이나 시민단체에서 지속적으로 건설업체의 고분양가 속에서 엄청난 폭리와 거품이 존재하고 곧 거품 붕괴의 가능성이 크다는 해석을 전망을 내놓으면서 지금 집을 사면 안 된다는 인식이 확산돼서 나타나는 현상이다.
> ……오히려 참여정부보다는 오세훈 서울시장이 최근 분양원가를 공개하면서 집값 안정세에 긍정적으로 작용하고 있다. 서울시가 법정 공개항목 이외 60개 세부항목을 공개하면서 노무현 정부도 원가공개를 할 수밖에 없는 상황이 만들어지고 있지 않나.
> ……문제가 발생하기 시작한 것은 2002년부터다. 2002년부터 2005년까지 분양된 서울 동시분양아파트의 분양가를 경실련이 검증해 보니 평당 건축비가 3백만 원 수준인데도 평균적으로 5백만 원, 최고는 9백만 원에 승인됐다. 이게 다 고건, 이명박 전 시장이 재임하는 기간에 서울시에서 분양 승인한 내용이다. 참여정부의 실정과 지방자치단체들의 무늬만 검증이 결국 사상 유례가 없는 부동산 망국을 현실화시킨 것이다."

야박하게 들릴지 모르겠지만 김 씨가 앞장서 전파하고 있는 '분양원가 공개' 프레임은 조중동의 '세금폭탄론' 및 '공급확대론' 프레임과는 다른 의미에서 대한민국 부동산 시장의 안정을 저해하고 있다.

김 씨는 분양원가 공개 및 이를 통한 분양가 인하가 집값 안정에 필수적이라고 줄기차게 주장해 왔다. 그러나 김 씨의 이런 주장은 전혀 사실이 아니다. 작년 4월 건교부와 지자체의 발표를 보면 전국의 주택(공동주택＋단독주택)은 약 1,301만 호에 달한다. 그런데 신규로 공급되는 주택물량은 전체 주택 총량 가운데 극히 일부에 불과하다.

설령 김 씨의 주장처럼 분양원가 공개 및 이를 통한 분양가 인하가 실현된다 해도 지금과 같이 투기적 가수요에 의해 기존 주택의 가격이 높게 형성된 상황에서는 분양가 인하의 효과가 전체 주택시장에 미치는 영향이 극히 제한적이다. 최초 분양자들만 엄청난 수혜를 입을 뿐이다. 거듭 강조하거니와 주변시세보다 터무니없이 높은 분양가는 투기적 가수요의 결과이지 원인이 아니다. 이를 혼동한 나머지 분양원가 공개를 마치 집값 안정의 필수적 조치인 것처럼 주장하는 행위는 국민들을 혼란에 빠뜨릴 뿐이다.

분양원가 공개는 건설업계의 부패 근절 및 투명성 제고를 위해서는 필요한 조치일지 모르나 집값 안정과는 별 상관이 없는 조치이기 때문이다. 후분양제의 도입도 그간 건설업체가 일방적으로 누리던 특권을 철폐한다는 점에서는 의미가 있을지 모르지만 여기에 과도한 의미를 부여하는 건 옳지 않다.

사정이 이러함에도 김 씨는 쉼 없이 분양원가 공개 프레임을 유포하고 있다. 이런 김 씨의 노력은 매우 성공적이었다. 분양원가 공개에 대한 국민의 지지율이 80%를 넘으니 말이다. 그러나 김 씨의 빛나는 성취에 흔쾌히 박수를 보낼 수는 없다. 김 씨의 성공이 부동산 시장 안정에는 무익할 뿐만 아니라 오히려 유해할 수도 있기 때문이다.

위에서 자세히 살핀 것처럼 부동산 문제에 대한 김 씨의 인식과

처방은 오류투성이다. 김 씨가 고독한 몽상가에 머문다면 그것이 그리 큰 문제가 아니겠지만, 김 씨는 이미 한국사회에서 무시할 수 없는 상징권력을 지닌 시민운동가다. 그런 김 씨가 부동산 문제의 원인을 엉뚱한 데서 찾은 나머지 잘못된 처방을 제시한다면 한국사회가 치러야 할 사회적 비용이 너무 커진다.

따라서 이제라도 김 씨는 기존에 자신이 제시했던 부동산 문제의 원인 및 해법에 대해 근본적으로 재검토해야 할 것이다. 기존에 자신이 고집했던 프레임에서 벗어나 부동산 문제의 근본원인과 해법에 대해 치열하게 고민해야 한다.

『OhmyNews』
2007. 5. 16.

대책 없는 신도시 건설, 재앙 부른다

정부의 분당급 신도시 선정 발표가 임박하면서 신도시 후보지로 거론되고 있는 경기도 용인과 화성·광주 일대의 땅값이 들썩이는 등 잠잠하던 부동산 시장이 요동칠 기미를 보이고 있다. 부동산 시장이 하향 안정 국면에 들어선 마당에 느닷없이 불거진 신도시 건설 재료가 투기심리에 불을 붙이고 있는 셈이다. 도대체 정부는 무슨 생각으로 신도시 건설을 강행하려 하는 걸까?

::부동산 안정되는 마당에 주택공급 확대라니

정부의 이번 신도시 개발 계획은 11·15부동산 대책에 근거한 것이라 한다. 익히 알다시피 11·15부동산 대책의 핵심은 '주택공급 확대'와 '주택담보대출 관리'였다. 그중에서도 '주택공급 확대'에 방점이 찍혀 있었다. 투기적 가수요가 시장에 만연한 상황에서 공급확대를 골자로 하는 11·15부동산 대책이 별 효과도 없었지만, 백 보를 양보하더라도 11·15부동산 대책이 나온 배경에는 '단군 이래 최고 수준'이라는 수도권 집값 급등 현상이 있었다. 즉 유효한 처방은 아니었지만 이해할 구석은 있었다는 말이다.

그러나 지금의 부동산 시장은 '보유세 현실화'와 '주택담보대출 관리'로 인해 하향 안정화의 초기 단계에 진입한 상태이다. 쉽게 말해 지금은 신도시 추가 건설로 상징되는 공급확대정책이 전혀 불필요한 시점이라는 것이다. 그런데도 정부는 이런 사정을 아는지 모르는지 분당급 신도시 건설을 관철시킬 태세다.

부동산 시장이 안정된 마당에 신도시 하나 건설한다는 발표가 뭐 그리 큰 파장을 일으키겠느냐고 의아해할 수도 있겠다. 그러나 2002년 판교신도시와 지난해 가을 검단신도시 건설 발표가 투기심리를 자극해 부동산 시장을 요동치게 만든 것을 기억한다면 그런 생각이 단견임을 알 수 있을 것이다.

:: 부동산의 불안요소는 실수요 아닌 투기적 가수요

정부가 현 시점에 분당급 신도시 건설을 강행하려는 이유는 크게 두 가지로 보인다.

첫째, 여전히 수도권 부동산 시장이 불안하다고 보고 지속적으로 공급을 확대해 수도권 부동산 시장을 안정시키려는 목적에서다. 정부의 진단대로 수도권 부동산 시장에 불안요소가 상존할 수도 있다. 그러나 정부의 진단이 옳다 해도 그 불안요소는 실수요가 아니라 단연 투기적 가수요에서 기인한다.

주지하다시피 국민의 정부 말기부터 시작해 참여정부 내내 계속된 부동산 가격 폭등의 원흉은 투기적 가수요의 존재였다. 이는 주택보급률은 106%인 데 반해 자가보급률은 60% 수준이라는 점, 이른바 '버블세븐' 지역의 주택담보대출 금액과 비중이 타 지역을 크게 압도한다는 점, 강남벨트 등의 주택 소유 편중도가 극심하다는 점, 버블세븐 지역의 매매가 대비 전세가 비율이 전국 최저 수준이라는 점 등이 명확히 증거한다.

한편 부동산 가격 앙등의 원인을 투기적 가수요로 볼 것인지, 아니면 실수요로 볼 것인지에 따라 정부의 처방은 완전히 달라진다. 즉 부동산 가격 상승의 원인을 투기적 가수요로 볼 경우 보유세 및 양도세 현실화 등의 세제개혁 등을 통하여 투기적 가수요를 제거하는 정책이 우선적으로 채택되어야 할 것이고, 부동산 가격 상승의 원인을 실수요로 볼 경우 택지와 주택의 공급을 늘리는 정책이 채택되어야 한다.

과거의 예를 들어 설명하면 이해가 쉽다. 80년대 말과 90년대 초에 전국을 강타했던 부동산 투기 및 부동산 가격 폭등은 여러 가지 원인이 있었지만 52% 수준에 이르는 낮은 주택 보급률이 큰 원인이었다. 이처럼 실수요에 기인해서 부동산 가격이 상승하는 경우에는 응당 택지 및 주택을 많이 공급해야 한다. 당시 정부는 토지공개념 3법의 도입과 함께 분당·일산·산본 등의 1기 신도시 건설을 추진했는데 이는 적절한 정책집행이었던 셈이다.

반면 국민의 정부 말기부터 시작해 참여정부 내내 지속된 부동산 가격 앙등은 위에서 실증적 증거를 통해 살펴본 것처럼 실수요가 아닌 투기적 가수요가 주된 원인이었다. 부동산 시장에 투기적 가수요가 창궐하게 된 이유는 무엇보다 국민의 정부가 인위적 경기부양을 위해 각종 투기억제책을 철폐하여 사실상 부동산 투기를 용인한 점과 낮은 금리로 인해 시중에 유동성이 풍부해진 점을 들 수 있다.

:: 오진과 잘못된 처방

참여정부의 부동산 정책이 '투기적 가수요 억제'와 '공급확대' 양자를 아우르고 있는 것이 사실이지만 투기적 가수요 억제에 방점을 찍었던 것은 참여정부가 바로 그런 사실을 어렴풋이나마 알고 있었기 때문이었다. 참여정부가 조중동 등의 수구언론과 한나라당 심지어 여당 내의 격렬한 반대를 무릅쓰고 추진한 투기적 가수요 억제책(예컨대 보유세 및 양도세 현실화, 각종 개발이익환수 장치의 강화 등)이 서서히 효과를 발휘하고 있는 것을 보면 부동산 가격 앙등의 주원인을 투기적 가수요에서 찾은 참여정부의 인식이 어느 정도 정확했던 셈이다.

물론 참여정부가 투기적 가수요 억제책만 선택했던 건 아니다. 참여정부는 2기 및 3기 신도시로 상징되는 공급확대정책도 의욕적으로 추진했다. 이는 조중동 등의 수구언론과 시장근본주의 성향의 경제학자들 그리고 관료들의 집요한 요구를 참여정부가 뿌리치지 못한 탓이었는데, 이처럼 참여정부가 투기적 가수요 억제와 공급확대라는 서로 상반되는 신호를 시장참여자들에게 준 것은 정책적 오류라고 할 만하다.

시장에 투기적 가수요가 만연한 상황에서 신도시 건설 등을 통해 부동산 시장을 안정시키겠다는 정책은 오히려 투기심리를 자극해 부동산 시장을 불안하게 만들 뿐이다. 이론상 무한대로 팽창이 가능한 투기적 가수요를 공급확대를 통해 잠재울 수 있는 방법은 세상에 존재하지 않기 때문이다.

위에서 살핀 바 있는 판교 신도시 및 검단 신도시 개발 발표 그리고 강남 재건축 아파트 규제 완화 등의 사례는 어설픈 공급확대 정책이 얼마나 부동산 시장의 불안을 초래했는지를 잘 보여준다.

사정이 이와 같은데도 정부는 여전히 엉뚱한 진단에 기초하여 공급확대에 연연하고 있으니 참으로 답답한 노릇이 아닐 수 없다. 공급확대를 통해 부동산 시장을 안정시키겠다는 정부의 모습에서 병을 오진한 나머지 잘못된 처방을 하는 의사를 연상시키는 것은 자연스런 일이다.

::이대로 나가면 공급과잉…… 정책 수정하는 용기 보여라

둘째, 정부정책의 신뢰성 담보를 위해서다. 언론의 보도에 따르면 정부 일각에서도 신도시 건설 계획을 백지화시키는 것이 타당하다는 주장이 대두되었지만 정책의 신뢰성 담보를 이유로 받아들여지지 않았다고 한다. 만약 이게 사실이라면 정부가 크게 잘못 생각하는 것이 분명하다. 정부 정책의 신뢰성은 잘못된 정책을 고집스럽게 유지한다고 해서 얻어지는 것이 아니고 잘못된 정책임을 스스로 인정하고 이를 수정할 용기를 국민들에게 보임으로써 얻어지기 때문이다.

무엇보다 정부의 신도시 추가 건설 계획이 염려되는 것은 공급 과잉으로 인한 집값 폭락의 가능성 때문이다. 머지않아 2기 신도시(김포·판교·파주·양주·수원 이의·화성 동탄 확대) 등으로 공급물량 34만 가구가 지속적으로 시장에 나오게 된다. 또한 검단 등의 3기 신도시도 조만간 착공될 것이다.

사정이 이쯤 되면 공급부족이 아니라 오히려 공급과잉을 걱정해야 될 판이다. 지금이야 부동산 시장에 투기적 가수요가 남아 있는 터라 공급이 부족한 듯 보이지만 얼마 후 투기적 가수요가 사라지고 시장에 실수요만 남게 되는 상황에서는 공급과잉 및 이로 인한 미분양이 속출하기 쉽다. 엄밀한 수요예측 없이 투기적 가수요에 현혹돼 공급확대를 꾀하는 것은 장차 닥칠지도 모르는 공급과잉 및 이로 인한 부동산 시장 경착륙의 원인이 될 수 있음을 정책당국자들은 명심해야 할 것이다.

:: 국토균형발전과 수도권 과밀화 해소는 포기했나

정부의 신도시 추가 건설 계획은 국토균형발전 및 수도권 과밀화 해소에도 역행하는 조치이다. 참여정부가 야심차게 내세우는 치적 가운데 대표적인 것이 바로 국토균형발전이다. 그런데 바로 그런 참여정부가 국토균형발전을 크게 저해할 수도권 신도시 건설을 추가로 강행하려고 하니 참으로 이해하기 어렵다.

또한 정부의 신도시 추가 건설 계획은 그렇지 않아도 포화상태인 수도권 과밀화를 더욱 악화시킬 것이 자명하다. 기실 정부가 추진 중인 2기 및 3기 신도시 건설만으로도 수도권에서 시행 중인 교통총량제와 환경총량제는 심대한 타격을 입은 상태이다. 정부가 지금과 같이 수도권에 신도시를 건설해서 부동산 시장을 안정시키려는 미망에서 벗어나지 못한다면 국토균형발전과 수도권 과밀화 해소는 공염불에 그치고 말 것이 자명하다.

위에서 살핀 것처럼 현시점에서 정부가 추진하려고 하는 신도시 추가 건설은 잃을 건 많고 얻을 건 없게 될 가능성이 매우 높다. 따라서 지금이라도 정부는 신도시 추가 건설을 백지화하는 결단을 내려야 한다. 통계에 따르면 종부세 납부대상자 중 40% 이상이 3채 이상의 주택을 보유하고 있다고 한다. 그런데 3주택 이상 보유자가 2채를 남겨두고 나머지만 처분해도 19만 3천 채의 신규 공급효과가 있다고 한다. 이는 판교신도시를 6개 짓는 것과 마찬가지 효과를 발휘하는 셈이다.

위의 통계가 정책당국자들에게 말하는 메시지는 간명하다. 지금 참여정부가 할 일은 신도시를 추가로 건설하는 것이 아니고 참여정부가 구축해 놓은 부동산 정책 그중에서도 투기적 가수요 억제책과 주택담보 대출 관리를 동요 없이 지속시켜 나가는 것이다.

『OhmyNews』

2007. 5. 29.

문국현 솔루션, 집값을 잡아라

이른바 문국현 바람이 거세게 불고 있다. 그가 대선 출마를 선언한 지 불과 2주 남짓밖에 되지 않았다는 점을 감안할 때 문국현 후보에게 쏟아지는 관심과 지지는 자못 놀라운 데가 있다. 이는 무엇보다 그가 유능한 CEO 출신이었다는 점과 새로운 성장 패러다임을 제시할 수 있으리라는 믿음, 더 나아가 한나라당 이명박 후보의 유의미한 대항마가 될 가능성 때문일 것이다.

주지하다시피 이번 대선의 최대 화두(話頭)는 경제성장 담론의 선점이다. 이 같은 점을 감안할 때 상당수 국민들이 문 후보에게 눈길을 주는 것은 충분히 이해가 가는 일이다. 관건은 문 후보가 제안하고 있는 경제성장 패러다임이 국민들을 설득하고 감동을 줄 수 있느냐, 더 나아가 이명박 후보의 성장 담론을 제압할 수 있느냐 하는 점이다. 물론 문 후보가 출마선언을 한 지 얼마 되지 않은 상태라 문 후보가 내세우고 있는 정책들은 얼개 수준을 벗어나지 못하고 있다. 그럼에도 불구하고 문 후보가 표방하고 있는 정책들을 일별하고 한계를 짚어보는 것은 나름의 의미가 있는 작업일 것이다.

::새로울 것 없는, 그러나 왠지 믿음이 가는 정책들

문국현 후보의 경제성장 패러다임은 문 후보의 개인 홈페이지와 '문국현 솔루션(서재경 엮음)'에 잘 담겨 있다. 문 후보가 표방하는 새로운 성장 패러다임을 한마디로 요약하면 '사람중심 경제'라고 할 수 있을 듯싶다.

신뢰사회 만들기, 육체노동 경제에서 지식창조 경제로의 도약, 여성참여와 평생일터 500만 개 창출, 근로시간 단축과 산업재해 줄이기, 고용안정 중시, 지속 가능한 복지사회 추구, 평생 학습 사회 구현, 중소기업 시대의 개막, 기업의 사회적 책임에 대한 강조, 조세개혁과 금융개혁, 다자간 사회적 대타협 추진 등을 관통하는 코드는 '사람'이기 때문이다.

문 후보의 생각을 정리하면 대강 이렇게 될 것이다.

"대한민국이 선진국이 되기 위해서는 전통적인 생산요소인 노동 · 자본 · 토지에 대한 의존도를 줄이고 기술 · 지식 · 창조 활동에 주력해야 한다. 그러기 위해서는 무엇보다 고급 지식노동자들을 늘려야 한다. 고급 지식노동자들이 늘어나기 위해서는 근로시간 단축, 고용안정 중시, 평생 학습 사회 구현 등이 필수적이며 이는 자연스럽게 고용창출로 이어지게 된다. 한편 국가는 사회적 투자를 통한 지속 가능한 복지사회 추구 및 적극적인 중소기업 육성정책을 통해 이런 변화를 제도적으로 뒷받침해야 한다. 또한 국가는 조세개혁과 금융개혁을 지속적으로 추진해야 하고 다자간 사회적 대타협을 추진해 사회적 갈등 요인을 해소해야 한다. 끝으로 신뢰사회 정착과 기업의 사회적 책임이 강조되는 사회적 분위기가 조성돼야 한다."

기실 위에서 문 후보가 표방하고 있는 정책들은 그리 새로울 것이 없는 것들이다. 그러나 이른바 기업 단위이긴 하지만 성공적으로 사람중심 경제 모델을 적용했던 문 후보이기에 그의 주장이 예사롭게 들리지 않는다.

문 후보의 정책을 유심히 보면 발견할 수 있는 것이 있는데, 그건 문 후보가 '좋은 시장'에 대해 그리고 좋은 시장을 만들기 위한 정부의 역할에 대해 고민하고 있다는 사실이다. 이와 같은 문 후보의 경제 정책은 이명박 후보의 그것과 대척점에 서 있는 것이 사실이다.

::'시장친화적 토지공개념', 토지문제의 해결을 넘어서

그러나 문 후보가 천명하고 있는 경제정책 가운데 아쉬운 대목이 있는데 토지의 중요성을 간과하고 있다는 점이 그것이다. 물론 문 후보도 토지공개념을 천명하고는 있다. 그러나 문 후보는 토지공개념을 주택과 토지 가격의 안정으로 이해하고 있는 듯해 못내 아쉽다.

익히 알다시피 한국사회 구성원들을 가장 괴롭히는 것이 바로 부동산 문제이다. 외환위기 이후 심화된 사회적 양극화의 최대 원인도 부동산 — 토지 — 소유의 불평등이라 해도 과언이 아니다. 아래의 통계들이 이를 잘 증거한다.

2006년 10월 정부에서 발표한 '2005년 토지소유 현황 통계'를 보면 2005년 말 기준 우리나라 땅부자 가운데 상위 10%(약 500만 명)가 차지하고 있는 토지 면적은 전체 개인 소유 토지의 98.3%이며, 상위 1%(50만 명) 소유의 땅은 57%에 이르는 것으로 나타났다. 흔히 소득분포나 자산분포의 편중도를 표시하기 위한 지표로서 지니계수를 사용한다. 지니계수의 값이 1에 가까우면 편중도가 높고, 0에 가까우면 편중도가 낮은 것으로 해석된다. 상기 정부의 통계를 기초로 하여 토지 소유 세대만으로 지니계수를 계산하면 면적 기준으로 0.811, 가액 기준으로 0.644가 되고, 토지를 소유하지 않는 세대까지 포함하여 계산하면 지니계수 값이 더 커져서 면적 기준으로 0.887, 가액 기준으로 0.787이 된다. 이때 토지는 개인이 소유하는 민유지를 가리킨다. (경북대학교 행정학과 김윤상 교수 계산) 우리나라 소득분포의 지니계수가 0.3 전후이고, 금융자산 소유분포의 지니계수가 0.6 전후라는 사실과 비교하면 토지소유 분포의 편중도가 매우 높다는 것을 알 수 있다.

주택의 경우도 사정은 크게 다르지 않다. 2005년 현재 주택보급률은 105.9%로 집이 남아도는 시대를 맞이했지만 자가 보유율은 간신히 60%를 넘고 있다. 왜 이런 현상이 발생하는 것일까? 소수의 사람들에게 주택 소유가 집중되고 있기 때문이다.

1990년에서 2005년까지 신규 공급된 주택 586만 채 중 54%만 집 없는 사람의 내 집 마련에 쓰였고 46%는 이미 집이 있는 사람의 집 사재기에 활용됐다. 또한 전체 가구의 1.7%인 29만 세대가 집을 5~20채씩 차지하고, 최고 집부자 열 명이 가진 주택 수가 5,500채가 넘는다. 또 100대 집부자에 들려면 최소 57채의 주택이 있어야 한다.

그렇다면 위에서 살핀 것과 같이 토지와 주택을 많이 보유한 자들은 얼마나 많은 불로소득을 얻은 것일까? 국토연구원 정희남·김승종 연구원과 박동길 한국토지공사 대리가 함께 추산한 데 따르면 1980년도에는 땅값 총액이 134조 원이었으나, 2001년도에는 1419조 원으로 증가하여 21년 동안 땅값이 올라 발생한 개발이익은 1284조 원에 달한다. 위와 같은 천문학적 개발이익조차 시가 현실화율이 매우 낮은 개별공시지가를 기준으로 한 것이다.

한편 앞의 연구가 토지매매와 상관없이 땅값 상승에 따라 단순 발생하는 개발이익 또는 자본이득, 즉 미실현 이득에 대한 추산이라면, 이정우 경북대 교수는 1991년 발표한 연구 결과에서 토지를 매각했을 때 물가상승분을 고려하고도 발생한 '실현된 자본이득'이 1979년부터 1990년까지의 12년 동안 157조 원에 달하는 것으로 추산했다.

주택의 경우는 또 어떤가? '부동산뱅크' 조사에 따르면 전국 아파트 시가총액은 2000년 4월 조사 결과 353조였으나 5년 뒤인 2005년 4월 조사 결과 1,000조가 넘은 것으로 나타났다. 따라서 불과 5년 사이에 전국 아파트 가격 시가 총액 변동에 따른 자본이득은 646조 원이라는 것이다. 물론 이것은 아파트 매매와 상관없이 시세변동에 따라 발생한 미실현 자본이득이다.

자, 어떤가? 토지문제가 사회적 양극화의 최대원인이라는 주장이 실감나지 않는가? 또한 토지문제는 내수위축, 기업 경쟁력 약화, 실업, 무분별한 난개발, 각종 부정과 비리 등의 주요 원인이기도 하다.

결국 대한민국이 진정한 의미에서의 선진국으로 진입하기 위해서는 토지문제를 근본적으로 해결해야만 한다. 이를 위한 최선의 해법이 바로 '시장 친화적 토지공개념'이다. 그러면 토지공개념을 시장친화적인 방법으로 구현하는 정책수단에는 어떤 것이 있을까? '시장 친화적 토지공개념'의 구체적 정책수단으로 '패키지형 세제개혁'과 '토지공공임대제'를 제시하고자 한다.

첫 번째 정책 수단은 '패키지형 세제개혁'이다. '패키지형 세제개혁'은, 토지보유세 강화를 중심 수단으로 하고 양도소득세와 개발이익환수제를 보조수단으로 하여 토지문제의 원인인 토지불로소득의 환수비율을 점진적이고 지속적으로 강화하는 동시에 경제에 부담을 주는 다른 세금(건물분 보유세, 거래세, 부가가치세, 법인세, 근로소득세, 준조세 성격의 의료보험료 등)은 낮추는 것을 핵심으로 한다.

한마디로 '패키지형 세제개혁'을 조세용어로 말하면 '증세와 감세의 창조적 결합'이라고 할 수 있다. 이렇게 하면 토지불로소득의 기대가 줄어들기 때문에 투기는 사라지고, 노력소득에 대한 기대는 커지기 때문에 경제는 활성화된다.

두 번째 정책 수단은 토지 비축 제도를 활용하여 국공유지를 확충하고 그곳에 '토지공공임대제'를 시행하는 것이다. '토지공공임대제'하에서는 토지가 아예 국가와 공공의 소유로 되어 있기 때문에 제도를 잘 운용하기만 하면 토지불로소득을 원천 봉쇄하고 부동산 투기를 근절할 수 있다.

최근 새로운 주택 공급 방식으로 주목받고 있는 '대지임대부' 방식은 '토지공공임대제'의 일종이다. 또한 '토지공공임대제'는 주택에만 적용할 수 있는 것이 아니다. 그것은 공단에도 적용할 수가 있고, 신도시에도 적용할 수 있는데, 그렇게 되면 토지투기 없는 토지임대형 공단, 토지임대형 신도시가 가능해진다.

또한 '토지공공임대제'는 통일한국을 위한 준비이기도 하다. 익히 알다시피 북한은 토지 국유화를 채택하고 있다. 만약 통일 후 북한에 남한의 토지 사유제가 이식된다면 통일은 축복이 아니라 재앙이 될 가능성이 높다. 통일독일의 경험이 이를 증명한다. 따라서 미리 '토지공공임대제'를 채택해 통일한국에 대비해야 한다.

이와 같은 정책 수단을 도입하는 '시장 친화적 토지공개념'을 구현하면 주택가격이 하향 안정화되기 때문에 내수와 수출이 균형을 이룰 수 있고, 부동산 문제 때문에 발생한 양극화 문제가 근본적으로 해소되며, 부동산 문제에서 기인한 고비용 - 저효율 경제구조는 해소되어 저비용 - 고효율구조로 탈바꿈될 가능성이 커진다. 또한 도시 내의 노는 토지가 최선으로 이용되고 토지불로소득을 노린 무분별한 개발을 막을 수 있기 때문에 환경을 보존하는 데도 크게 도움을 준다.

:: '시장 친화적 토지공개념' = 새로운 국가발전 전략

눈 밝은 독자들은 금방 알아챘겠지만 위에서 설명한 '시장 친화적 토지공개념'은 단순히 부동산 시장 안정화 정책이 아니다. '시장친화적 토지공개념'은 새로운 경제성장담론이며 국가발전전략이다. 아울러 '시장 친화적 토지공개념'은 좋은 시장 만들기와 조세개혁을 포괄하고 있다. 이처럼 중대한 함의를 지닌 '시장 친화적 토지공개념'을 문국현 후보가 알아볼 안목이 있을까? 선택은 문 후보의 몫이다.

『OhmyNews』
2007. 9. 10.

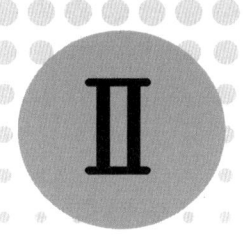

벼랑끝으로의 질주

이명박 당선자, 투기공화국을 원하나?

대통령에 당선된 지 얼마 되지도 않았는데 이명박 대통령 당선자 측에서 부동산 정책을 대대적으로 수술하겠다는 소리가 거침없이 흘러나오고 있다. 언론의 보도를 종합해 보면 이 당선자 측이 손대려고 하는 부동산 정책은 대략 아래와 같다.

:: 부동산 세제 부문

- 종합부동산세

종부세 과세 대상을 주택의 경우 공시가격 6억 원에서 9억 원으로 상향조정하고 1가구 1주택 장기보유자에 대해서는 내년도의 종부세가 더 이상 오르지 않고 올해 수준을 유지하도록 함. 이와 함께 소유자의 연령(65세 이상 무수입자), 소득, 주택 면적 등에 따라

종부세를 차등화하는 방안도 검토

– 양도소득세

양도세 인하는 1가구 1주택자 모두를 대상으로 하되, 장기보유자에게 우선권을 줄 방침. 내년 하반기까지 부동산 시장이 안정화되면 1가구 2주택자에 대해서도 양도세 완화 검토 가능

– 거래세

2008년 상반기 중 취득세 및 등록세 인하

:: 공급부문

– 용적률 완화

지방에 비해 서울이 용적률이 낮은 건 문제, 주택공급 확대를 위해 용적률을 상향조정(10% 안팎)해 도심 지역의 재건축 및 재개발을 추진, 단 이로 인해 발생하는 개발이익의 상당 부분은 국가나 지방자치단체가 환수하는 장치를 더 강화

:: 금융부문

– 주택담보대출

총부채상환비율(DTI) 및 주택담보인정비율(LTV) 규제는 현행대로 유지

:: 보유세는 징벌적 세금이 아닌 사회적 서비스에 대한 대가

이미 이명박 당선자는 후보 시절부터 참여정부의 부동산 정책들을 대대적으로 수정하겠다고 공언한 터라 위에서 적시한 부동산 정책들이 새삼스러울 일은 아니다. 그러나 부동산 부문이 한국경제 더 나아가 한국사회에서 차지하는 비중, 대통령 후보였을 때와 당선자가 되고 난 뒤의 입장의 상이함 등을 감안할 때 이 당선자가 부동산 문제를 조금은 신중하게 다룰 것이라고 생각했는데 이런 예측은 여지없이 빗나간 셈이다.

이 당선자 측이 생각하고 있는 부동산 정책 가운데 가장 잘못된 것은 종부세를 후퇴시키려는 것이다. 이 당선자 측이 종부세 과세 기준 상향, 차등 부과 등을 통해 종부세 부담을 완화시키려고 하는 것은 종부세를 징벌적 세금의 일종으로 오해하기 때문인 듯하다. 아마도 조중동 등의 수구언론이 만들어 널리 유포된 '세금폭탄론'을 이 당선자 측이 무비판적으로 수용하지 않았나 싶다. 그러나 종부세를 징벌적 세금으로 인식하는 것은 전적으로 오해다.

주지하다시피 부동산 문제는 토지의 소유 및 처분 시에 발생하는 불로소득에서 생긴다. 따라서 부동산 문제를 근본적으로 해결하기 위해서는 토지의 소유 및 처분 시에 발생하는 불로소득을 차단하거나 환수해야 한다. 이를 위한 최적의 수단이 바로 보유세—종부세는 보유세의 일종—이고 양도소득세와 각종 개발이익환수 장치들은 이를 보조하는 역할을 한다.

물론 부동산 문제가 보유세—종부세— 등의 세제(稅制)만을 통해 해결되지는 않는다. 그러나 보유세 등의 세제 없이 부동산 문제를 해결할 수 있는 방법은 전혀 없다. 더욱이 종부세는 투기억제 수단일 뿐 아니라 개인이나 법인이 국가와 사회로부터 받는 서비스에 대한 대가이기도 하다.

근래 집값이 가장 많이 상승한 이른바 버블세븐 지역을 한 번 생각해 보자! 이들 지역의 주택 가격이 상상을 초월할 만큼 높은 이유는 무엇보다 사회적 인프라, 즉 도로·지하철·공원·의료시설·학교·상권 등이 다른 지역에 비해 월등히 우수하기 때문이며 이는 곧 삶의 질이 타 지역에 비해 높다는 것을 의미한다. 물론 이들 지역에 구축된 사회적 인프라는 대부분 국세로 마련된 것이다. 이와 같이 값비싼 서비스를 국가와 사회로부터 받는다면 그에 상응하는 대가를 치르는 것이 당연하다. 이런 측면에서 보면 버블세븐에 소재한 주택을 소유한 주민들이 다른 지역 주민들보다 양질의 서비스를 국가와 사회로부터 받는 만큼 더 많은 보유세를 내는 것은 너무나 자연스러운 일이라 할 것이다. 참고로 종부세 과세 대상 주택의 절대다수가 버블세븐에 위치하고 있다.

한편 이런 관점에서 보면 1주택 장기 보유자, 고령자, 저(?)소득층 등이라고 해서 종부세 감면 대상이 될 수 없음이 자명하다. 또한 종부세는 소득세가 아닌 재산세임을 잊어서는 안 된다. 많은 재산을 가지고 있으면 이에 상응하는 세금을 내는 것이 마땅한 일이다. 투기목적의 유무, 소득의 많고 적음 등을 고려할 이유가 없다.

::종부세 및 양도세 감면은 2%의 부자들만을 위한 정책

종부세 과세 대상도 얼마 되지 않는다. 올해 주택분 종부세를 납부할 것으로 예상되는 개인은 올해 우리나라 전국 1,855만 세대의 2% 정도인 37만 9,000세대에 불과하다. 또 전국 1,855만 세대 중 52%를 차지하는 주택을 보유한 세대(971만 세대) 중에서도 3.9%만이 종부세를 부담할 뿐이다.

특기할 사실은 종부세의 대부분은 다주택 보유자나 고가주택보유자가 부담한다는 점이다. 놀랍게도 종부세 부담자의 61.3%는 2주택 이상 다주택 보유자다. 이들 23만 2,000 다주택 보유세대가 전체 종부세액의 71.6%를 부담하고 있으며, 이들이 보유한 주택은 97만 7,000가구로, 전체 종부세 대상 주택 112만 4,000가구의 86.9%를 차지하고 있다. 즉 종부세 대상이 되는 주택 10채 가운데 9채는 다주택 보유자가 소유하고 있는 셈이다.

한편 종부세액이 가파르게 상승했다 해도 종부세 과세대상자들의 시가 대비 실효세율은 불과 0.5%에 불과하다. 이는 선진국에 비해 한참 낮은 수준이다. 종부세 과세대상자들에 대한 실효세율이 여전히 매우 낮은 수준임에도 실효세율이 단기간 내에 급격히 상승한 것처럼 보이는 것은 무엇보다 과거의 보유세 실효세율이 터무니없이 낮았기 때문이다. 쉽게 말해 과거의 보유세 실효세율이 비정상이고 지금이 정상인 셈이다.

사정이 이러함에도 불구하고 이명박 당선자 측은 종부세를 크게 후퇴시킬 계획을 세우고 있다. 만약 이와 같은 계획이 그대로 집행된다면 단 2%의 부동산 부자들에게만 혜택이 돌아가게 될 것이다.

1가구 1주택자들에 대한 양도세 인하도 잘못된 정책이다. 이미 1주택자들은 대부분 양도세를 면제받고 있다. 단지 공시가격 6억 원을 초과하는 부분에 대해서 양도세가 부과되고 있지만 양도세 부담이 매매차익의 10% 수준에 불과한 수준이다. 즉 1가구 1주택 자들에 대한 양도세 감면을 고민해야 할 이유가 전혀 없는 것이다. 게다가 양도소득세는 실현된 불로소득에 대해서 부과된다. 근로소 득에도 과세하는 마당에 실현된 불로소득에 대해서 감면을 해 주 자는 용감한 주장을 어떻게 할 수 있는지 참으로 궁금하다.

물론 양도세는 동결효과를 발생시키는 부작용이 있지만 실현된 불로소득을 환수하는 데는 아직 양도세만 한 것이 없다. 따라서 보유세가 충분히 현실화될 때까지는 양도세를 유지하거나 강화하 는 것이 옳다.

::공급을 늘리려면 다주택자들이 매물을 시장에 내놓게 해야

한편 이명박 당선자 측은 서울 도심의 용적률을 상향해 재건축 및 재개발을 활성화시키고 이를 통해 주택 공급을 늘리겠다는 생 각을 하고 있다. 그러나 이도 옳은 방향이 아닌 것으로 보인다.

국민의 정부 말기부터 시작된 부동산 가격 상승은 공급 부족 때 문이라고 하기보다는 투기적 가수요 때문이었다. 이는 주택보급률 은 106%인 데 반해 자가보급률은 60% 수준이라는 점, 이른바 버 블세븐 지역의 주택담보대출 금액과 비중이 타 지역을 크게 압도 한다는 점, 강남벨트 등의 주택 소유 편중도가 극심하다는 점, 버 블세븐 지역의 매매가 대비 전세가 비율이 전국 최저 수준이라는 점 등이 명확히 증거한다.

쉽게 말해 지금의 부동산 시장은 대규모 공급을 필요로 하지 않는다. 오히려 최근의 수도권 아파트 미분양 사태가 보여주듯이 공급과잉을 걱정해야 할 상황이다.

백 보를 양보하여 공급을 늘리는 것이 필요하다면 재건축 및 재개발에 의존할 것이 아니라 기존의 다주택 소유자들이 가지고 있는 여분의 주택을 시장에 매각하도록 정책적으로 유도하는 것이 옳을 것이다. 이를 위한 최선의 수단이 보유세 현실화임은 재론할 필요가 없다.

통계에 따르면 종부세 납부대상자 중 40% 이상이 3채 이상의 주택을 보유하고 있다고 한다. 그런데 3주택 이상 보유자가 2채를 남겨두고 나머지만 처분해도 19만 3,000채의 신규 공급효과가 있다고 한다. 이는 판교신도시를 6개 짓는 것과 마찬가지 효과를 발휘하는 셈이다.

이 당선자 측이 자신 있게 말하는 재건축 및 재개발은 거시적으로는 국토균형발전, 미시적으로는 도시계획의 목적과 필요에 적합할 경우에 한해 추진되는 것이 옳을 것이다. 재건축 및 재개발 시에 발생하는 개발이익이 대부분 환수돼야 함은 물론이다.

::대한민국을 투기공화국으로 만들지 말길

벌써부터 부동산 시장이 들썩인다는 소식이 들린다. 시장 참여자들의 기대가 반영된 탓이다. 이 당선자가 취임하기도 전에 이 지경인데 만약 이명박 정부가 출범한 이후 위에서 열거한 정책들을 그대로 추진할 경우 어떤 상황이 벌어질지 생각만 해도 아찔하다. 이 당선자는 지금이라도 부동산 정책을 후퇴시키려는 시도를 중단해야 할 것이다. 혹시 대한민국을 투기공화국으로 만들 생각이 아니라면 말이다.

PRESSian
2007. 12. 27.

손학규 대통합민주신당 대표가 취임하자마자 내놓은 정책 중 하나가 1주택자 양도세 인하다. 인수위조차 부동산 세제를 어떻게 다룰지 고민하고 있는 시기에 나온 손 대표의 제안은 그래서 더욱 주목을 받고 있다. 한편 1주택자 양도세 즉시 인하를 줄기차게 주장해 왔던 한나라당 입장에서는 '불감청 고소원'이 아닐 수 없다. 원내 의석의 거의 대부분을 가지고 있는 한나라당과 대통합민주신당이 1주택자 양도세 인하를 서두르고 있으니 1주택자 양도세 인하는 기정사실이라 하겠다.

::1주택자 양도세 인하는 투기방임의 신호

손 대표가 표방하고 있는 '새로운 진보'가 무언지는 잘 모르겠지만 손 대표는 적어도 부동산 부문에서는 시장절대주의에 투항하는 것을 '새로운 진보'로 인식하고 있는 성싶다. 그렇지 않고서야 철저한 시장근본주의자인 이명박 당선자조차 머뭇거리고 있는 1주택 양도세 인하조치를 저렇듯 신속히 주장할 수가 있겠는가?

주지하다시피 부동산 문제는 토지의 소유 및 처분 시에 발생하는 불로소득 때문에 생긴다. 따라서 부동산 문제를 해결하기 위해서는 토지의 소유 및 처분 시에 발생하는 불로소득을 철저히 차단하거나 환수해야 한다. 이를 실현하기 위한 정책수단들이 보유세와 양도세 및 각종 개발이익환수장치들이다. 양도세가 동결 효과를 발생시키는 부작용이 있지만 실현된 불로소득을 환수하는 데는 아직 양도세만 한 것이 없다.

여기서 주목할 점은 양도소득세가 실현된 불로소득에 부과된다는 점이다. 시장경제를 그토록 강조하는 손학규 대표가 근로소득에도 과세하는 마당에 실현된 불로소득에 대해서 감면을 해 주자는 주장을 하는 걸 보면 손 대표가 꿈꾸는 시장경제는 철저히 불로소득을 옹호하는 경제체제인 모양이다.

더구나 지금도 1가구 1주택자의 경우 3년 보유(서울과 5대 신도시·과천은 2년 거주 포함) 요건을 충족하면 비과세 혜택을 받고 있다. 단 공시가격이 6억 원을 넘으면 초과분에 대한 양도세를 낼 따름이다. 또한 그조차도 장기보유특별공제 규정에 따라 보유 기간별로 양도세를 경감받고 있다.

결국 손 대표와 대통합민주신당이 제안한 1주택자 양도세 인하는 공시가격 6억 원이 넘는 고가주택을 대상으로 한 셈이다. 그러나 이들 주택의 경우에도 양도세 부담이 매매차익의 10% 수준에 불과한 수준이다. 실현된 불로소득 가운데 10%를 세금으로 내는 것이 그렇게도 큰 문제인지 정녕 모를 일이다. 집 한 칸 없는 국민들이 거의 절반에 이르고 최저주거기준 미달가구 수가 전체 가구 수의 25%인 350만 가구에 육박하는 상황에서 어떻게 감히 부동산 부자들만을 위한 양도세 인하를 입에 담을 수 있는지도 궁금하기 그지없다.

현재 부동산 시장은 이명박 정부가 참여정부의 부동산 정책, 그 중에서도 종부세와 양도세를 형해화시킬 것이라는 예측과 기대가 만연한 상태다. 그런 마당에 2%의 부동산 부자들만을 위한 양도세 인하가 한나라당과 대통합신당의 합의하에 실현된다면 시장참여자들은 이를 투기방임의 신호로 해석할 것이 자명하다.

:: 차라리 대통합민주신당은 한나라당과 부동산 대연정을 추진하라

기실 대통합민주신당과 한나라당 사이의 정책적 차별성은 전에도 그리 크지 않았다. 특히 부동산 부문에서는 더욱 그랬다. 참여정부의 부동산 정책도 노 대통령과 청와대가 주도했을 뿐이다. 오히려 대통합민주신당의 과거 행태를 보면 노 대통령과 청와대가 기획하고 추진하는 부동산 정책에 딴죽을 걸기 일쑤였다. 10·29 대책의 누더기 입법과 5·31지방선거의 참패 후 종부세와 양도세를 인하해야 한다는 주장이 그 좋은 예다.

정책적 차별성이 전혀 없는 정당이 나뉘어 있을 이유가 없다. 대통합민주신당은 지금이라도 한나라당과 합당하는 것이 좋겠다. 그것이 어렵다면 적어도 부동산 부문에 관해서는 한나라당과 대연정을 신속히 추진하는 것이 좋겠다. 하긴 손학규 대표 체제하의 대통합민주신당과 한나라당은 이미 부동산 대연정을 시작했는지도 모르겠다. 1주택자 양도세 즉시 인하는 그 첫 작품이 아닐까?

PRESSian

2007. 1. 14.

지분형 분양주택은 짝퉁 반값 아파트다

대통령 인수위원회가 지난 17일 발표한 지분형 분양주택을 둘러싸고 논란이 한창이다. 논란의 핵심은 무엇보다 지분형 분양주택의 수익성(분양 가능성)과 투기 가능성이다. 인수위는 지분형 분양주택의 경우, 분양가상한제가 적용되는 공공택지를 대상으로 하기 때문에 주변의 시세보다 20% 이상 저렴하고 따라서 일정 정도의 수익성이 보장되는 만큼 분양에 별다른 어려움이 없을 것이라고 밝히고 있다.

::정부가 제도적으로 보장하는 부동산 불로소득 시장의 출현

그러나 실수요자(무주택자)의 경우는 그렇다 하더라도 겨우 주변 시세보다 조금 낮은 분양가를 노리고 지분형 분양주택에 투자할 사람들이 있을지는 매우 의심스럽다. 그런데 지분형 분양주택의 성패는 단연 49%의 지분을 얼마나 효과적으로 매각하느냐에 달려 있다. 따라서 지분 매수자들에 대한 인센티브 제공은 당연한 논리적 귀결이라 할 것이다.

아니나 다를까! 인수위는 펀드 등 민간투자자의 지분에 대해서는 종합부동산세를 부과하지 않을 방침을 천명하고 있다. 또한 펀드 등 민간투자자의 지분에 대해서는 재산세, 양도세, 거래세(취득·등록세) 등에 대해서도 일정 부분 감면혜택을 주는 방안을 강구 중인 것으로 알려지고 있다.

이는 사실상 정부가 합법적으로 보장해 주는 부동산 불로소득 시장이 새롭게 형성됨을 의미한다. 더구나 지분형 분양주택이 수도권의 인기 지역 위주로 분양될 가능성이 높다는 점을 감안하면 지분형 분양주택은 부동산 투기의 뇌관이 될 가능성이 매우 높다 하겠다.

지분형 분양주택은 이를 소유한 실수요자와 지분소유자를 모두 만족시킬 수 있을지도 모른다. 그러나 이를 위해서는 지분형 분양주택의 가격이 시장 수익률을 지속적으로 상회해야 한다. 그리고 이는 부동산 시장 안정에 항상적인 위협요인으로 작용할 가능성이 크다.

::토지임대부 및 환매조건부가 대안

처음부터 인수위는 '반값 아파트'라는 포퓰리즘 색채가 짙은 정책목표에 지나치게 집착했다. 그러다 보니 이 정책목표를 달성하기 위해 부동산 불로소득을 제도적으로 보장해 주는 악수를 두고 만 것이다.

기실 토지의 공공성 강화 및 서민주거복지를 동시에 달성할 수 있는 주택공급방식은 이미 나와 있다. 토지임대부 및 환매조건부 주택이 바로 그것이다. 일각에서는 지난 군포부곡지구 반값 아파트 도입의 실패를 예로 들면서 토지임대부 및 환매조건부 주택공급방식은 이미 폐기된 것처럼 인식하고 있지만 이는 매우 잘못된 생각이다. 군포부곡지구에서 분양된 이른바 '반값 아파트'는 정책목표의 모호성, 지나치게 높은 분양가, 향후 공공택지에서 분양하는 주택은 토지임대부-건물분양 및 환매조건부 방식으로 공급한다는 예고의 부재, 청와대를 비롯한 정치권과 언론의 무관심 등의 원인으로 좌초된 것뿐이다. 이를 마치 토지임대부 및 환매조건부 공급방식의 파산으로 낙인찍는 것은 바람직하지 않다.

여전히 토지임대부 및 환매조건부 공급방식은 불로소득 환수 및 국공유지 비축, 서민주거복지를 위한 최적의 주택공급방식이다. 이명박 당선인은 지금이라도 지분형 분양주택 공급방침을 철회하고 토지임대부 및 환매조건부 주택공급 방식을 새로운 주택공급방식으로 채택하길 바란다. 토지의 소유 및 처분 시에 발생하는 불로소득의 전유를 당연하게 생각하는 한 부동산 문제의 근본적인 해결은 불가능하다는 사실도 이 당선인은 기억해야 할 것이다.

PRESSian
2007. 1. 21.

# 당신들이 바로 아마추어다

한나라당이 집권하기 전에 참여정부를 평가하면서 줄곧 했던 표현 중에 하나가 바로 '아마추어 정권'이라는 표현이었다. 다분히 폄하의 의미가 담긴 이 표현은 한나라당의 가장 강력한 후원자였던 조중동 등의 수구언론의 활약 덕분에 그대로 참여정부의 상징이 됐다.

한나라당이 참여정부를 아마추어 정권이라고 표현한 것이 노무현 대통령을 정점으로 한 참여정부 핵심브레인들의 학력이나 경력의 일천(?)함 때문은 아니었을 것이다. 아마도 한나라당은 참여정부가 취한 정책상의 오류와 집행상의 미숙함을 '아마추어'라고 평한 것일 게다.

이를 바꾸어 말하면 한나라당은 정책의 기획이나 집행에 있어 스스로를 '프로'로 여기고 있다는 의미이기도 하다. 야당이었을 때에야 프로의 실력을 발휘할 기회가 없었으니 그렇다 치고 집권에 성공한 지금은 한나라당이 지닌 프로의 실력을 만천하에 드러내야 마땅하다. 과연 한나라당은 프로의 진면목을 보이고 있는가?

:: 프로가 고작 이 정도인가?

부동산 정책만 놓고 보면 한나라당을 '프로'라고 인정할 수는 없을 것 같다. 아니 지금까지 보이고 있는 행보를 보면 한나라당은 철저히 아마추어에 가깝다. 한나라당 입장에서야 부동산 정책은 대통령직 인수위가 주도하는 것이지 한나라당이 주도하는 것이 아니라고 항변할 수도 있겠다. 그러나 이명박 당선인이 한나라당 소속 대통령 후보였다는 점과 인수위 경제분과에 한나라당 소속 국회의원들이 대거 참여하고 있다는 사실이 잘 보여주듯이 대한민국 국민 가운데 누구도 한나라당과 인수위를 깔끔히 분리해서 생각하지 않는다.

종부세와 양도세 완화만 해도 한나라당의 일관된 당론이었다. 이를 인수위에서 적극적으로 수용하는 모습을 보이고 있을 뿐이다. 그러나 종부세 및 양도세를 완화시키겠다는 정책은 부동산 문제의 근본원인이 토지의 소유 및 처분 시에 발생하는 불로소득이라는 점과 부동산 문제를 해결하기 위해서는 토지의 소유 및 처분 시에 발생하는 불로소득을 차단하거나 환수해야 한다는 사실을 간과하지 않고는 감히 생각할 수도 없는 정책이다. 더 나아가 이는 한나라당과 인수위가 토지불로소득의 사유화를 적극적으로 옹호하고 있음을 극명하게 보여준다. 투기적 가수요 억제를 위한 최적의 정책수단인 종부세와 이를 한시적으로 보조하는 양도세를 대폭 후퇴시킬 것을 공언하고 있는 한나라당과 인수위의 행태를 보고 있노라면 과연 이들이 경제학 원론을 읽어본 적이 있는지조차 의심스럽다.

금리를 부동산 시장 안정의 주요 수단으로 사용하겠다는 소리도 인수위에서 들리는데 이는 참으로 위험하기 짝이 없는 발상이다. 금리는 거시경제 전반에 무차별적으로 영향을 미치기 때문에 금리 조절은 신중에 신중을 기해야 한다. 백 보를 양보하더라도 부동산 시장 안정을 위한 금리의 역할은 보조적이고 최후적인 수준에 그쳐야 한다.

"한국은행도 정부기구"라며 한국은행에 대한 정부의 통제력을 높이려는 듯한 발언도 인수위에서 거침없이 나오고 있는 모양이다. 그러나 이는 금리 결정에 정치적 고려가 작용하지 않도록 한국은행을 독립기구로 만든 법률의 기본 취지도 이해하지 못한 발언에 불과하다.

한편 지분형 분양주택은 전형적인 포퓰리즘형 정책이다. 지분형 분양주택은 이명박식 반값 아파트라는 그럴 듯한 명칭과는 다르게 지분 투자자들에 대한 부동산 불로소득의 제도적 보장과 시장수익률을 지속적으로 상회하는 지분형 분양주택의 가격 상승 없이는 성공하기 어려운 정책이기 때문이다. 경제적 합리성이 아니라 대중의 인기를 얻을 목적으로 시행하는 경제정책을 포퓰리즘이라 할 때 지분형 분양주택은 그 좋은 예에 해당된다 할 것이다.

:: 당신들이 바로 아마추어고 포퓰리스트다

언젠가 이명박 당선인은 참여정부의 부동산 정책을 '군청 수준의 정책'이라고 평한 적이 있다. 그러나 적어도 지금까지 부동산 정책에 관해 한나라당과 인수위가 보여주고 있는 모습은 군청은커녕 면사무소 수준도 되지 않는 성싶다.

한나라당과 인수위! 제대로 된 부동산 정책 하나 내놓지 못하고 우왕좌왕하고 있는 당신들이 바로 아마추어다. 지분형 분양주택 같은 인기영합적 정책을 비장의 무기랍시고 떠드는 당신들이 바로 포퓰리스트다.

데일리서프라이즈

2008. 1. 28.

'인수위'의 부동산 정책을 평가한다

말도 많고 탈도 많았던 대통령직 인수위원회의 활동이 어느새 막바지에 다다랐다. 인수위는 정부조직개편, 부동산, 교육 등 굵직굵직한 사안에 대해 거침없이 개편안을 내놓은 바 있다. 인수위의 활동이 사실상 마무리된 지금 전 국민적 관심사인 부동산 부문에 대한 인수위의 입장을 정리해 보는 것은 여러모로 의미가 있을 듯 싶다. 지금까지 언론에 보도된 인수위의 부동산 정책들을 종합하면 아래와 같다.

1. 세제부문

1.1. 종합부동산세

종부세 과세 대상을 주택의 경우 공시가격 6억 원에서 9억 원으로 상향하고 1가구 1주택 장기보유자에 대해서는 내년도의 종부세가 더 이상 오르지 않고 올해 수준을 유지하도록 함. 이와 함께 소유자의 연령(65세 이상 무수입자), 소득, 주택 면적 등에 따라 종부세를 차등화하는 방안도 검토

1.2. 양도소득세

양도세 인하는 1가구 1주택자 모두를 대상으로 하되, 장기보유자에게 우선권을 줄 방침. 내년 하반기까지 부동산 시장이 안정화되면 1가구 2주택자에 대해서도 양도세 완화 검토 가능

1.3. 거래세

2008년 상반기 중 취득세 및 등록세 인하

2. 공급부문

2.1. 용적률 완화

지방에 비해 서울이 용적률이 낮은 건 문제, 주택공급 확대를

위해 용적률을 상향조정(10% 안팎)해 도심 지역의 재건축 및 재개발을 추진, 단 이로 인해 발생하는 개발이익의 상당 부분은 국가나 지방 자치단체가 환수하는 장치를 더 강화

2.2. 지분형 분양주택

실소유자가 51%, 지분투자자가 49%를 소유하는 지분형 분양주택 공급 천명, 지분형 분양주택의 소유권 및 임차권은 실소유자에게 귀속됨

3. 금융부문

3.1. 주택담보대출

총부채상환비율(DTI) 및 주택담보인정비율(LTV) 규제는 현행대로 유지

3.2. 통화량(금리)

통화량(금리)조절을 통해 부동산 시장 안정을 도모할 것을 천명

4. 주거복지부문

4.1. 신혼부부주택

신혼부부들에게 원가로 주택을 공급

::인수위의 부동산 철학 평가

인수위는 토지불로소득은 문제 삼지 않고, '부동산 가격이 올라가면 공급을 늘리면 된다'는 식의 사고를 지니고 있는데 이는 인수위가 토지를 일반재화와 같은 성격의 것으로 취급한다는 의미이다. 아울러 인수위는 토지불로소득의 사유화를 옹호하고 있다. 이처럼 인수위가 취하고 있는 시장절대주의 관점에서는 부동산 문제 해결의 근본적 대안을 기대하기 어렵다.

::정책 평가

1. 불로소득환수정책(세제정책) 평가

인수위의 부동산 정책 가운데 가장 잘못된 것이 불로소득환수정책을 후퇴시키려는 것이다. 즉 인수위는 종부세 과세 기준 상향, 차등 부과 등을 통해 종부세 부담을 완화시키고 6억 원 초과 1주택자에 대해 장기보유특별공제를 통해 양도세를 감면하려고 하고 있다. 그러나 부동산 문제는 토지의 소유 및 처분 시에 발생하는 불로소득에서 생긴다는 점과 부동산 문제를 근본적으로 해결하기 위해서는 토지의 소유 및 처분 시에 발생하는 불로소득을 차단하거나 환수해야 한다는 사실을 감안할 때 불로소득 환수 및 차단에 최적의 수단이라 할 종부세와 이를 보조하는 역할을 하는 양도세를 감면하겠다는 인수위의 발표는 심히 우려된다.

더욱이 종부세는 투기억제 수단일 뿐 아니라 개인이나 법인이 국가와 사회로부터 받는 서비스에 대한 대가이기도 하다. 이런 측면에서 보면 버블세븐에 소재한 주택을 소유한 주민들이 다른 지역 주민들보다 양질의 서비스를 국가와 사회로부터 받는 만큼 더 많은 보유세를 내는 것은 너무나 자연스러운 일이라 할 것이다. 참고로 종부세 과세 대상 주택의 절대다수가 버블세븐에 위치하고 있다.

이런 관점에서 보면 1주택 장기 보유자, 고령자, 저(?)소득층 등이라고 해서 종부세 감면 대상이 될 수 없음이 자명하다. 또한 종부세는 소득세가 아닌 재산세임을 잊어서는 안 될 것이다. 많은 재산을 가지고 있으면 이에 상응하는 세금을 내는 것이 마땅한 일이다. 투기목적의 유무, 소득의 많고 적음 등을 고려할 이유가 없다.

사정이 이러함에도 불구하고 인수위는 종부세를 크게 후퇴시킬 계획을 세우고 있다. 만약 이와 같은 계획이 그대로 집행된다면 단 2%의 부동산 부자들에게만 혜택이 돌아가게 될 것이다. 참고로 새 정부가 종합부동산세 과세 기준을 6억 원에서 9억 원으로 완화할 경우 서울 소재 종부세 대상 아파트 23.36%(25만 4,167가구)가 11.34%(12만 3,371가구)로 12% 포인트(13만여 가구)감소할 것이라는 분석이 있다.

6억 원 초과 1가구 1주택자들에 대한 양도세 인하도 잘못된 정책이다. 현재 이들의 부담이라고 해 봐야 매매차익의 10% 수준에 불과한 수준이다. 참고로 지난해 주택 거래 164만 건 가운데 양도세 인하 대상이 되는 거래는 0.9%에 지나지 않았다.

2. 주택공급정책 평가

최근 인수위가 내놓은 주택공급정책 가운데 특기할 만한 것이 지분형 분양주택이다. 지분형 분양주택은 이명박식 반값 아파트라 할 수 있다. 지분형 분양주택은 51%의 지분을 실소유자가 소유하고 49%의 지분을 지분 투자자가 소유하는 공급방식으로 소유권 및 임차권은 실소유자에게 귀속된다.

지분형 분양주택이 성공하기 위해서는 수익성(분양 가능성)이 담보되어야 한다. 인수위는 지분형 분양주택의 경우, 분양가상한제가 적용되는 공공택지를 대상으로 하기 때문에 주변의 시세보다 20% 이상 저렴하고 따라서 일정 정도의 수익성이 보장되는 만큼 분양에 별다른 어려움이 없을 것이라고 밝히고 있다.

그러나 실수요자(무주택자)의 경우는 그렇다 하더라도 겨우 주변 시세보다 조금 낮은 분양가를 노리고 지분형 분양주택에 투자할 사람들이 있을지는 매우 의심스럽다. 그런데 지분형 분양주택의 성패는 단연 49%의 지분을 얼마나 효과적으로 매각하느냐에 달려 있기 때문에 지분 매수자들에 대한 인센티브 제공은 당연한 논리적 귀결이라 할 것이다.

인수위가 펀드 등 민간투자자의 지분에 대해서는 종합부동산세를 부과하지 않을 방침을 천명하고, 재산세·양도세·거래세(취득·등록세) 등에 대해서도 일정 부분 감면혜택을 주는 방안을 강구 중인 것으로 알려지고 있는데 지분 투자자를 유치하기 위해서는 이 같은 유인(誘因)이 불가피함을 인수위 스스로 고백하고 있는 셈이다.

문제는 이와 같은 지분 투자자에 대한 특혜가 부동산 불로소득의 제도화로 이어진다는 사실이다. 더구나 지분형 분양주택이 수도권의 인기 지역 위주로 분양될 가능성이 높다는 점을 감안하면 지분형 분양주택은 부동산 투기의 뇌관이 될 가능성이 매우 높다 하겠다.

처음부터 인수위는 '반값 아파트'라는 포퓰리즘 색채가 짙은 정책목표에 지나치게 집착했다. 그러다 보니 이 정책목표를 달성하기 위해 부동산 불로소득을 제도적으로 보장해 주는 악수를 두고 만 것이다.

한편 인수위는 서울 도심의 용적률을 상향해 재건축 및 재개발을 활성화시키고 이를 통해 공급을 늘리겠다는 생각을 하고 있다. 그러나 이도 옳은 방향이 아닌 것으로 보인다. 지금의 부동산 시장은 대규모 공급을 필요로 하지 않는다. 오히려 최근의 수도권 아파트 미분양 사태가 보여주듯이 공급과잉을 걱정해야 할 상황이다.

3. 부동산 금융정책 평가

최근 대통령직 인수위 강만수 위원이 통화량(금리)조절을 통해 부동산 시장 안정을 꾀하겠다는 발언을 한 바 있다. 물론 금리인상은 시중에 떠돌고 있는 부동(浮動)자금의 상당부분을 흡수하여 부동산 투기 수요를 억제하는 등의 효과가 있기 때문에 부동산 시장을 안정시킬 수는 있을 것이다.

그러나 금리 인상은 부동산 시장뿐만 아니라 거시경제 전반에 무차별적으로 영향을 미치기 때문에 부동산 시장 안정의 주된 수단으로 채택하기에는 적합하지 않다. 부동산 값을 잡기 위해 금리를 인상할 경우, 자칫 잘못하면 빈대 잡으려다 초가삼간 태우는 격이 되기 십상이다. 백 보를 양보하더라도 통화량(금리)조절을 통한 부동산 시장안정정책은 보조적이고 최후적인 수준으로 채택되어야 할 것이다.

4. 주거복지정책 평가

신혼부부에게 아파트를 원가에 공급해 주겠다고 하는 정책은 전혀 새롭지 않은 정책이며, 형평성의 문제도 내포하고 있다. 아무리 신혼부부 세대를 배려한다 하더라도 소득수준이 낮을 뿐만 아니라 근로능력조차 없는 무주택세대보다 우선적으로 주택을 공급해야 할 명분은 없다. 인수위는 이러한 계층에 대한 대책이 전혀 없는 실정이다.

:: 총명

위에서 자세히 살핀 것처럼 인수위가 구상하고 있는 부동산 정책의 핵심은 종부세 및 양도세 완화 등을 통한 부동산 세제 후퇴와 도심 용적률 상향, 지분형 주택공급 등을 통한 공급 확대이다. 그리고 이런 정책들을 관통하고 있는 철학은 시장절대주의 혹은 시장근본주의이다. 그러나 지금처럼 시중에 투기적 가수요가 건재하고 유동성이 풍부한 상태에서 위에서 살펴본 것과 같은 투기방임조치를 한다면 부동산발 경제공황이 닥쳐오는 건 시간문제일 것이다. 설상가상으로 최근에는 대한민국 전역을 투기장화할 대운하 착공을 기정사실화하는 발언들이 이 당선자 측에서 계속 흘러나오고 있다.

주지하다시피 부동산 문제는 최근 심화되고 있는 사회적 양극화, 한국경제의 고질이 된 고비용·저효율 구조, 근로의욕 저하 등의 가장 큰 원인이다. 한마디로 부동산 문제의 근본적 해결 없이는 대한민국이 선진국으로 올라설 수 없다. 또한 부동산 문제는 몇몇 미시적 대책만으로는 해결될 수 없으며 부동산 문제의 근본원인이 해소되지 않는 한 부동산 시장의 위기는 주기적으로 재연될 가능성이 매우 높다.

사정이 이러함에도 인수위는 부동산 문제를 해결하기는커녕 도리어 악화시킬 가능성이 매우 높은 정책들을 '시장에 맡긴다'는 구호 아래 집행할 것을 호언하고 있으니 참으로 답답한 노릇이 아닐 수 없다.

엄밀히 말해 인수위는 부동산 문제를 근본적으로 해결할 철학과 정책수단(세제, 주택공급방법, 금융정책, 주거복지 등) 중 어느 것 하나 가지고 있지 못하다. 아울러 인수위가 부동산 불로소득의 사유화를 정상적인 시장경제로 인식하는 한 부동산 문제를 해결할 방법은 전혀 없다고 해도 과언이 아니다.

전 세계 금융, 더 나아가 전 세계 경제를 뒤흔들고 있는 미국의 서브프라임 모기지론(비우량 주택담보대출) 사태를 통해 부동산 부문에 시장절대주의를 무분별하게 도입할 경우 얼마나 파멸적인 결과가 초래되는지를 인수위가 깨달았으면 하는 마음이 간절하다.

데일리서프라이즈
2008. 2. 5.

MB와 '강부자 클럽', 그리고 정몽준

출범한 지 얼마 되지 않은 이명박 정부를 가장 잘 표현할 수 있는 말이 무엇일까? 아마 땅부자 정부가 아닐까 싶다. 이명박 정부의 초대내각이 '강부자(강남땅부자)' 클럽임이 이미 밝혀진 데 이어 청와대 수석들도 만만치 않은 부동산 부자들임이 증명되었기 때문이다.

24일 정부공직자윤리위원회가 공개한 '새 정부 고위공직자 재산 등록 신고내역'에 따르면 청와대 수석들의 평균재산은 35억 5,610만 원으로 나타났는데 일부 청와대 수석들의 재산 가운데 상당수가 부동산인 것으로 드러났다고 한다. 물론 엄청난 부동산을 소유하고 있는 일부 청와대 수석들은 부동산 투기의혹을 완강히 부인하고 있다.

그러나 백 보를 양보해 이들이 부동산을 취득한 경위가 합법적이었다고 해도 이들이 부동산을 통해 엄청난 불로소득을 얻고 있음은 누구도 부인할 수 없는 일이다. 또한 부동산(특히 토지)의 소유 및 처분 시에 발생하는 불로소득을 사적으로 전유하는 것이 공정하고 효율적인 시장경제를 건설하는 데 심각한 장애가 된다는 점에 대해서도 많은 사람들이 동의하고 있다.

::'불로고소득자 고양이'에게 '시장경제 생선' 맡길 수 있나

역설적인 건 주체할 수 없이 많은 부동산을 소유하고 있는 장관과 수석비서관들을 임명한 사람이 다름 아닌 이명박 대통령이라는 사실이다. 잃어버린 10년 동안 망가진 시장경제를 정상화시키겠다고 호언장담해 온 그 이명박 대통령 말이다. 하긴 그것이 그리 놀랄 일은 아닐지도 모른다. 이명박 대통령은 과거부터 틈만 나면 부동산 불로소득의 사적 전유를 옹호하는 듯한 발언을 해 왔으니까.

부동산 불로소득의 사적 전유를 시장경제의 한 부분으로 이해하고 긍정하는 대통령과 강부자 클럽의 일원인 장관 및 수석비서관들이 설계할 부동산 정책이 대한민국 부동산 시장에 어떤 악영향을 미칠지 벌써부터 걱정이 앞선다.

여당인 한나라당이라고 해서 사정이 나은 건 결코 아니다. 부동산 투기의 뇌관이라 할 뉴타운 추가지정을 요구하면서 오세훈 시장을 윽박지르고 있는 한나라당 의원들의 행태는 마치 조직폭력배의 행태를 보는 듯해 어안이 벙벙하다. 특히 차기 대권을 노리고 있는 정몽준 의원은 뉴타운 건설에 따른 부동산 가격 상승을 두고 가격이 현실화되는 것이라고 규정하면서 "집값이 오르는 게 무조건 나쁜 것은 아니다, 미국도 왜 서브프라임 사태가 터졌나? 주택가격이 떨어져서 그것이 실물경제 침체로 이어지지 않았나, 일본

역시 주택 가격이 3분의 1, 4분의 1로 폭락해 경기가 무너지게 됐다."는 황당무계한 주장을 하고 있다.

정 의원의 논리대로 하면 부동산 가격 상승이 나쁜 것도 아닐뿐더러 부동산 거품이 터지지 않기 위해서라도 부동산 가격은 경향적으로 상승해야 한다는 결론에 도달하게 된다. 정 의원에게 진심으로 충고하는데 저런 생각을 근본적으로 고치지 않고는 대권도전은 백일몽에 불과할 것이다.

그나저나 대통령부터 장관 및 수석들을 거쳐 여당의원까지 한결같이 부동산 시장을 불안하게 만들 이력과 생각의 소유자들뿐이니 이 노릇을 어찌한다.

『OhmyNews』

2008. 4. 24.

"MB, 부동산 투기 방아쇠를 당길 셈인가"

'선무당이 사람 잡는다.'는 말이 있다. 부동산 대책을 다루는 청와대와 한나라당의 행보를 보면 절로 이 속담이 생각난다. 이명박 정부는 인수위 시절부터 지분형 주택이니 신혼부부 임대주택이니 경제학이나 주거복지의 관점에서 보면 실로 어처구니없는 정책들을 무슨 비장의 무기인 것처럼 선보여 시장의 비웃음을 사더니 최근에는 아예 부동산 경기 활성화를 통해 경제성장률을 끌어올리려는 의도를 노골적으로 보이고 있다.

청와대와 한나라당은 앞서거니 뒤서거니 하면서 부동산과 관련된 거의 모든 시장 정상화 조치들을 무력화시키려고 총력을 경주하고 있다. 이들은 부동산 세제(종부세와 양도세 등), 재건축 및 전매 관련 규제는 물론이고, 심지어 주택담보대출 규제까지 손대려고 시도하고 있다.

:: 청와대·한나라 구상은 사실상 종부세 없애겠다는 것

언론의 보도를 종합해 보면 청와대와 한나라당은 △1가구 1주택 장기보유자와 저소득 고령자에 대한 세 경감 △종부세 부과 기준액 6억 원→9억 원 상향조정 △세대별 합산과세의 인별 합산과세 전환 등을 목표로 삼고 있는 것 같다.

종부세가 만약 정부와 여당이 검토하고 있는 것처럼 주택분 부과기준이 6억 원에서 9억 원으로 상향되고 세대별 합산에서 인별 합산으로 전환되면 사실상 종부세가 폐지되는 결과가 초래된다. 일단 주택분 종부세 과세기준을 6억 원에서 9억 원으로 상향 조정하면 과세대상의 약 60%(2007년도 주택분 종부세 과세대상 기준)가 까이가 면세된다. 아울러 주택분 종부세 과세 방법을 세대별 합산에서 인별 합산으로 변경할 경우 납부 대상자는 더욱 격감한다.

여러 명의 세대 구성원 명의로 된 주택은 합산되지 않는 데다, 부부 공동 명의로 된 고가 주택 보유자들은 공시가격 18억 원 이하면 남편과 아내가 각각 9억 원 미만의 주택을 갖는 것으로 간주되기 때문에 종부세 납부 대상에서 자동으로 빠지게 되기 때문이다. 또 단독 명의로 고가 주택을 갖고 있는 사람들은 부부 공동 명의 혹은 세대원 공동 명의로 바꾸면 손쉽게 종부세 대상에서 제외될 수 있다.

배우자 증여 방식으로 명의를 변경하는 경우 6억 원까지 증여세를 면제받기 때문에 15억 원까지는 명의 변경에 대한 부담도 전혀 없고 증여세는 과세표준이 5억 원 이하인 경우 세율이 20%에 불과해 부부 이외의 세대원에게 증여를 하는 경우에도 부담이 경미하다. 아울러 공시가격 기준 18억 원이 넘는 주택을 보유한 세대조차 부부 공동 명의로 변경할 경우 종부세 부담이 이전과는 비교할 수 없는 수준으로 줄어들게 되고 3명 이상의 세대원 명의로 변경할 경우는 아예 종부세를 면제받을 수도 있다. 참고로 작년도 개인분 종부세 부과대상 주택 37만 9,000세대 가운데 공시가격 기준 16억 이하 주택은 34만 6,000세대였다.

결국 주택분 종부세 과세기준을 6억 원에서 9억 원으로 상향하고 종부세 부과 방식을 세대별 합산에서 인별 합산으로 바꾸면 부동산 투기 억제 및 불로소득 환수의 중핵이라 할 종부세가 완전히 무력화되는 셈이다.

:: 친기업 정책이 기업의 불로소득 보장인가

정부와 여당이 추진하고 있는 종부세 완화 대상은 주택에만 국한되지 않는다. 정부와 여당은 기업들의 요구를 적극적으로 수용해 사업용 토지에 부과되는 종부세도 경감시키려고 하고 있다. 그러나 사업용 토지인 경우 종부세 부과방식이 인별인데다 과세기준 금액이 무려 40억 원에 달하고 세율단계도 0.6%(160억 이하), 1%(160억 – 960억 원), 1.6%(960억 원 초과)로 별 부담이 되지 않는다. 정상적인 기업이라면 토지의 소유 및 처분을 통한 불로소득을 추구할 것이 아니라 연구 및 생산 활동을 통해 이익을 얻는 것이 백번 옳을 텐데, 건강한 시장경제의 유지 및 발전을 책임져야 할 국가가 나서서 기업들에게 토지에서 발생하는 불로소득을 보장하겠다는 것이 가당키나 한 일인지 모르겠다.

양도세를 완화하겠다는 정부와 여당의 고집을 보면 어안이 벙벙

할 따름이다. 지금도 1주택자들은 대부분 면세 대상이다. 단지 6억원 초과주택을 소유하고 있는 1주택자들만 6억 원 초과 부분에 대해 양도세가 부과될 뿐이며 그것도 양도차익의 7% 수준에 불과하다. 더구나 이미 한나라당은 지난 3월 소득세법 개정을 통해 1주택 소유자들에 대해 20년 이상 보유 시 장기보유특별공제를 80%까지 늘리는 혜택을 부여한 바 있다. 그런데 장기보유특별공제 혜택을 누릴 수 있는 보유 기간을 20년에서 더 줄이고 2주택자 중과세도 노무현 정부 이전 수준으로 돌리겠다는 것이 정부와 여당의 복안이다. 부동산 불로소득을 적극적으로 보장하는 것이 MB와 한나라당이 생각하는 시장경제인 모양이다.

::전매 규제·대출 규제도 완화…… 투기 조장하겠다는 건가

한편 청와대와 한나라당은 재건축 및 전매 규제도 완화하겠다는 입장이다. 설왕설래하고 있지만 재건축 관련 조합원지위 양도금지는 폐지될 가능성이 높고 전매제한 기간도 크게 줄어들 것 같다. 모두 투기심리를 자극할 수 있는 조치들이다.

특히 염려가 되는 것은 담보인정비율(LTV)이나 총부채상환비율(DTI) 등 주택금융 관련 규제를 폐지하려는 움직임이 정부와 여당 내에 있다는 사실이다. 금융권에 따르면 총주택담보대출 규모는 2004년 말 216조 8,000억 원, 2005년 말 243조 2,000억 원에서 지난달 말 274조 4,455억 원으로 가파른 증가 추세를 보이고 있다. 노무현 정부가 담보인정비율(LTV)이나 총부채상환비율(DTI)에 대한 관리를 적극적으로 해 왔음에도 불구하고 주택담보대출 규모가 늘어나고 있는 실정이다.

이런 마당에 주택담보대출관리마저 폐지한다면 시중의 유동성이 부동산으로 유입될 통로를 국가가 앞장서서 만들어 주는 격이다. 부동산 시장을 연착륙시켜야 할 의무가 있는 정부와 여당이 오히려 부동산 시장에 유동성을 공급하지 못해 안달하는 모습을 이해하기란 어려운 일이다.

:: 역사에 죄짓는 일은 하지 말길

지금의 부동산 시장은 부동산 세제, 미시적 금융관리 등이 시너지 효과를 내면서 안정을 찾아가는 상태다. 물론 부동산 가격이 급등하지 않으면서 고통(?)을 느끼는 사람들도 있을 것이다. 그러나 그들을 위해 부동산 시장을 다시 혼란 속으로 몰아넣을 수는 없는 일이다.

MB와 한나라당이 경제성장률 때문이건, 지지층의 결집을 위해서건 간에 해서는 안 될 것이 바로 부동산 투기조장이다. 그러나 지금 정부와 여당이 추진하고 있는 정책들을 보면 종부세와 양도세를 무력화시켜 부동산 불로소득을 보장하고, 주택담보대출 관리를 풀어 시장참여자들에게 부동산 투기에 나설 실탄을 충분히 공급하며, 재건축 규제와 전매제한 등 한시적 투기억제 장치들을 없애 부동산 투기의 방아쇠를 당기게 하겠다는 의도로밖에는 해석되지 않는다. 정부와 여당은 미국의 서브프라임 모기지론 사태나 전 세계적 부동산 버블 붕괴로부터 아무런 교훈도 얻지 못한 게 분명하다. 제발 MB와 한나라당은 부동산 투기를 조장해 국민경제를 파탄 내는 어리석음을 범하지 말길 바란다. 당신들이 부풀린 부동산 버블이 붕괴하면 당신들조차 무사할 수 없다는 점을 명심하시라.

PRESSian

2008. 8. 20.

MB정부는 부동산 불로소득의 수호신?

마침내 정부의 8·21부동산 활성화 대책이 발표됐다. 이번 대책에는 조합원 지위 양도 확대 및 층수 완화 등의 재건축 규제완화, 분양가 상한제 개선, 신도시 2곳 추가 건설, 수도권 전매제한 완화, 건설업체들에 대한 종부세 완화, 2주택자 양도세 완화, 미분양 주택에 대한 공적 자금 투입, 비수도권 지역 매입 임대주택 사업 세제지원 등의 다양한 내용이 포함됐다. 그런데 상이해 보이는 이 대책들을 관통하는 것이 코드가 있으니 투기심리 조장 및 불로소득 보장이 바로 그것이다.

::MB식 시장경제는 기업 책임을 정부가 떠맡는 것?

이번 대책 가운데 눈에 띄는 것은 건설업체들에 대한 종부세 부담을 완화했다는 점이다. 비록 주택분 종부세에 대해서는 비등하는 여론 때문에 손을 대지 못했지만 말이다.

건설업체에 대한 종부세 완화 내용을 살펴보면, 주택신축판매업자(시행사)가 건축해 소유한 미분양주택에 대해 종부세 비과세 기간을 현행 3년에서 5년으로 연장하고, 시공사가 주택신축판매업자로부터 대물변제로 받은 미분양주택에 대해서도 5년간 종부세를 비과세하며, 주택건설사업자(시공사)가 주택건설 목적으로 취득해 보유하는 토지에 대해서도 종부세를 비과세하기로 했다.

정부는 미분양 등으로 인해 고통(?)받고 있는 건설업계의 입장을 반영해 종부세를 완화시킨 것 같은데 이는 그릇된 판단이다. 개별 기업이 자의에 의해 계획하고 생산한 상품이 일시적으로 팔리지 않는다고 해서 이에 대해 정부가 세제상의 혜택을 주는 것은 시장경제에서 이익을 얻고자 하는 자가 손실도 부담할 의사를 동시에 가지고 있어야 한다는 자기책임의 원칙에 어긋난다.

시장경제에 위반되는 정부의 행보는 여기서 그치지 않는다. 정부는 이번에 주공과 대한주택보증 등이 보유하고 있는 3조 원대 여유자금을 이용해 지방의 미분양 아파트를 현행 공공매입가격 수준(최초 분양가의 70~75% 수준)에서 공공부문이 매입하되, 준공 이후 사업시행자가 원할 경우에는 당초 공공매입가격에 공공의 자금조달비용(수수료 수준의 일정수익 포함)이 보장되는 수준의 가격으로 환매받을 수 있는 방안을 시행할 것이라고 밝혔다. 이 또한 자기책임의 원리에 위반되는 정책이다.

지방의 미분양이 심각한 상황임에는 틀림없지만, 이에 대한 궁극적인 책임은 수요 예측을 잘못한데다가 고분양가를 고집한 건설업체들에 있다. 시장경제원리에 따르면 미분양 사태를 맞은 건설사들은 분양가를 낮춰 현금을 확보하고 그래도 분양이 되지 않는 물량에 대해서는 시쳇말로 땡처리를 하는 게 맞다. 물론 그런 와중에 도산하는 기업들도 있을 것이다. 비정하게 들리겠지만 그런 것이 바로 시장경제다. 놀라운 것은 시장경제를 입에 달고 사는 MB와 한나라당이 개별 기업의 잘못을 정부가 대신 책임지겠다고 나섰다는 점이다. 아마 MB와 한나라당이 생각하는 시장경제는 기업이 져야 할 책임을 정부가 대신 부담하는 것인가 보다.

이번 대책 가운데 사람들이 흔히 간과하고 있는 것이 비수도권 지역의 매입임대주택 사업에 대한 세금혜택요건을 크게 완화한 정책이다. 만약 정부안대로 시행되면 현재 임대사업자가 전용 85㎡ 이하 5가구 이상을 10년 이상 보유해야 종부세 및 양도세 감면 혜택을 볼 수 있었던 데서 전용 149㎡ 이하 1가구 이상을 7년 이상만 갖고 있으면 세금 혜택을 보는 것으로 바뀌게 된다. 비록 비수도권이라는 단서가 붙기는 했지만 임대사업자로 등록하고 임대사업용으로 1가구만 갖더라도 종부세 및 양도세 중과를 피할 길이 생긴 것이다. 이는 종부세에 구멍을 냄과 동시에 비수도권 지역에서 주택 투기를 하라고 국민들에게 권유하는 셈이다.

또 정부는 1세대 2주택 양도세 중과 배제 대상 저가주택의 범위(공시가격 기준 3억 원)를 도 지역에서 광역시까지 확대키로 했다. 이게 다주택자들을 제외하고 누구에게 도움이 되는 정책인지 도무지 알 수 없다.

::수도권도 미분양 넘치는데 또 신도시 개발?

이번에 내놓은 정책 중 가장 이해하기 힘든 대책이 바로 신도시 2곳 추가 건설이다. 수도권마저 미분양이 속출하고 2기 신도시 공급물량이 줄지어 대기하고 있는 마당에 입지도 그리 좋지 않은 곳에 신도시 2곳을 추가로 지정하겠다고 한다. 이를 통해 달성하고자 하는 목표가 건설업계에 일거리를 주는 것 이외에 다른 것이 있다고 생각하기 힘들다. 아울러 정부의 신도시 추가공급 방침은 국토균형발전 및 수도권 과밀화 억제방침과도 상충할뿐더러 공급과잉을 부채질할 가능성이 높다.

한편 정부는 조합원 지위 양도 확대 및 층수 완화 등을 골자로 하는 재건축 규제완화와 전매제한 기간 단축 등도 이번 대책에 포함시켰다. 하나같이 부동산 투기 심리를 자극할 만한 조치들이다. 적어도 지금은 한시적 투기억제장치들을 폐지할 때가 아니다.

:: 그냥 가만히나 계시지……

8·21대책을 보면 MB와 한나라당이 구상하거나 집행하려는 정책들은 하나같이 부동산 투기를 조장할 것들뿐이라는 것을 알 수 있다. 다행히 이번에는 종부세 및 미시적 금융대책이 크게 훼손되지는 않았다. 그렇지만 MB와 한나라당이 종부세 및 미시적 금융대책을 손상시킬 궁리를 멈춘 것으로는 보이지 않는다. 부동산 대책을 다루는 MB와 한나라당을 보고 있자면 물가에 내놓은 아이처럼 조마조마하기 이를 데 없다.

다른 부문도 크게 다르지는 않지만 적어도 부동산 정책에 관한한 MB와 한나라당에 대해 기대하는 것이 거의 없다. 그냥 기존 정책을 손대지 않았으면 하는 바람뿐이다. 그러나 ABR(Anything But Roh·뭐든 노무현 정부와 반대로)을 지고의 가치로 삼고 있는 MB와 한나라당에게 이를 기대하기란 무망한 노릇이다.

PRESSian
2008. 8. 22.

MB, 경제 비책이 결국 부동산 경기 부양이냐

이명박 정부가 부동산을 통해 경기를 부양하겠다는 의지를 분명히 하고 있다. 부동산 관련 세제는 대폭 완화시키고 재건축 및 재개발은 적극 활성화시키겠다는 것이 지금까지 드러난 부동산 경기 부양책의 골자다.

::MB정부, 종부세·양도세·상속증여세 완화

MB정부의 부동산 세제 후퇴 정책이 본색을 드러내고 있다. 정부가 1일 발표한 '일자리 창출을 위한 경제재도약 세제, 2008년 세제 개편안'에 종합부동산세와 양도소득세에 대한 감면안이 포함됐다.

정부가 발표한 종부세 감면안을 보면 올해 90%까지 인상할 예정이던 과표적용률을 지난해 수준인 80%로 동결하고, 세부담 상한선도 전년대비 300%에서 150%로 제한하며, 종부세액의 20%에 해당하는 농어촌특별세를 폐지해 세부담을 일괄적으로 덜어주는 방안들이 담겨 있다. 농어촌특별세를 일괄적으로 폐지해 보유세에 큰 구멍을 내고 세부담 상한선을 줄인 것도 비판받을 일이지만, 정부가 발표한 종부세 감면안은 지난 8월 한나라당이 발표한 재산세 감면안과 맥락을 같이하면서 노무현 정부가 추진한 보유세 현실화 정책의 사실상 폐지를 선언하고 있다.

강만수 기획재정부 장관의 "이번 개편안에서 종부세 보완책을 마련했고 전반적인 종부세 개편은 지금 관계부처와 함께 마련 중인 부동산시장 안정을 위한 종합대책과 함께 이르면 9월 하순께 발표하겠다."는 발언과 임태희 한나라당 정책위의장의 "헌재에서 (종부세 과세기준의 세대별 합산 문제와 관련) 9월 12일 판정을 내릴 것이므로 이 문제에 대해서는 헌재 결정 과정에 따라 보완해야 한다."는 발언을 보면, MB정부와 한나라당이 원하는 것이 단지 종부세를 현 수준으로 동결하는 것이 아님이 분명하다.

정부와 한나라당이 지금까지 보인 행태를 보면 조만간 종부세 과세기준을 높이고 세대별 합산을 인별로 전환하는 등의 방향으로 종부세법을 개정하려고 할 것이 확실하다. 헌재가 세대별 합산 등에 대해 위헌 결정을 내리면 정부와 한나라당은 홀가분하게 종부세를 형해화시킬 수 있을 것이다.

또한 이번 9·1세제개편안에는 양도세 감면안도 담겨 있다. 비과세 기준금액을 6억 원에서 9억 원으로 상향조정하고, 장기보유특별공제는 10년 보유 시 80%까지 공제하며, 양도세율도 6-33%로 하향조정하는 것이 골자다. 또 1세대 2주택 중과에서 제외되는 저가주택 기준을 종전 1억 원에서 광역시의 3억 원 주택까지 넓히는 방안도 포함시켰다. 1가구1주택 보유자 729만 가구 가운데 6억 원 초과 주택은 4.0%(29만 가구)에 불과하다는 점을 감안할 때 양도세 감면 혜택은 극소수에게 돌아가는 셈이다.

특기할 만한 것은 정부가 이번 세재개편안에 상속·증여세의 세율을 최고 50%에서 33%까지 낮추는 방안과 1가구1주택 상속 때 5억 원 한도에서 40%를 공제하는 '효도공제'를 신설했다는 사실이다. 이렇게 되면 1주택 상속주택가액이 15억인 경우 상속세가 면제된다. 상속·증여세를 인하하는 것은 고가주택을 보유한 사람들에게 큰 혜택을 주는 것인데 역설적인 건 이런 조치가 상속 및 증여를 유도해 오히려 거래를 위축시킬 것이라는 점이다.

::신도시 2곳 추가 개발만으로는 부족해?

한편 신도시 2곳 추가 개발만으로는 흡족하지 않았던지 이 대통령은 2일 일자리 창출 대책과 관련해 "건축 경기가 서민경제에 미치는 영향이 큰 만큼 재개발·재건축 활성화를 통해 일자리 늘리기에 속도를 낼 필요가 있다."고 말해 사실상 재건축 및 재개발 활성화를 경기부양의 중요한 수단으로 간주하고 있음을 분명히 했다. 청와대에서는 MB의 의중이 그런 것이 아니었다고 적극 해명하고 있지만 왠지 궁색해 보인다. 오히려 경인운하 개발 재개를 발표한 것을 볼 때 MB가 신도시 건설 및 재건축·재개발 활성화, 대규모 토목 사업 착수 등의 부동산 경기 부양책을 통해 경제난국을 타개할 생각을 가지고 있다고 추정하는 것이 합리적일 것이다.

주지하다시피 많은 유권자들이 수다한 흠결이 있음에도 불고하고 이 대통령을 대통령으로 선택한 것은 그가 한국 경제를 한결 낫게 만들 비장의 무기를 가지고 있다고 생각했기 때문이다. 그런데 정작 그가 경제회생을 위해 내놓은 비책이라고는 개발독재시대의 유물인 건설·토목 사업뿐이다. 이 대통령과 그의 막료들이 하는 언행을 보면 시간이 지난다고 해서 사정이 달리 변할 것 같지도 않다. 현시점에서 국민경제를 파국으로 몰고 갈 수도 있는 부동산 경기부양책을 마치 경제 살리기의 묘방인 것처럼 생각하는 대통령을, 그것도 임기가 4년 6개월이나 남은 대통령을 둔 대한민국 국민들의 처지가 안쓰럽기만 하다.

PRESSian
2008. 9. 3.

10 · 21대책은 MB부동산 정책의 완결판

정부의 10. 21 '가계 주거부담 완화 및 건설부문 유동성 지원·구조조정 방안'이 발표됐다. 투기 지역 및 투기과열지구를 차례로 풀어 부동산 관련 대출규제를 완화하고 건설사 보유의 미분양 주택과 토지를 매입하는 등의 조치를 통해 9조 원가량의 유동성을 건설업계에 지원하겠다는 것이 이번 방안의 골자다.

또한 이번 대책에는 이사 등으로 주택을 2채 이상 보유하는 경우 양도소득세 비과세 혜택을 받을 수 있는 주택 처분 기간을 기존의 1년에서 2년으로 늘리는 방안과 처분조건부 대출의 상환 기간을 기존의 1년에서 2년으로 연장하는 방안이 포함됐다.

::10 · 21대책은 MB부동산 정책의 최종집정

10 · 21대책으로 상징되는 MB정부의 부동산 올인 정책이 갑작스러운 것은 아니다. 앞서 발표된 8 · 21대책, 9 · 1세제개편안,

9・19부동산 대책, 9・23종부세 개정안 등을 관통하고 있는 것이 바로 공급확대와 부동산 세제완화를 통한 건설경기 부양이기 때문이다. <표 Ⅱ-1>를 보면 이런 사실을 쉽게 알 수 있다.

<표 Ⅱ-1> ⓒ프레시안

고가・다주택 소유자를 위한 정책	건설업자를 위한 정책
양도소득세 후퇴 - 고가주택 기준 상향: 6억 원 → 9억 원 　• 이를 통해 양도세 납부대상자는 58만호(전체 주택의 4.3%)세대에서 21만호(전체주택의 1.5%)로 축소됨. 세제혜택37만호. - 장기보유특별공제 확대 　• 연 4% 20년 → 연 8% 10년 - 2주택자에 대한 양도세 배제 예외 확대 　• 취학・장기요양 추가 - 양도소득세 세율 및 과표 구간 조정	양도소득세 후퇴 - 1세대 다주택자 양도소득세 중과기준 완화 　• 지방 광역시의 기준을 1억 원에서 3억 원으로 상향 - 양도소득세 중과에서 제외되는 임대주택 요건 완화(비수도권 지역) 　• 10년・5호 이상 → 7년・1호 이상 - 2주택자에 대한 양도세 배제 예외 확대 　• 취학・장기요양 추가
종부세 후퇴 - 종부세 과표적용을 인상속도 조정(80% 동결) - 종부세 세부당 상한 하향. 300% → 150% - 2010년부터 종부세의 부가세(surax)인 농어촌 특별세 폐지	종부세 후퇴 - 주택건설자 취득 토지 종부세 비과세 - 시행사가 소유한 미분양주택에 대한 종부세 비과세 기간을 3년에서 5년으로 연장 - 시공사가 대물변제로 받은 미분양 주택, 5년간 비과세 - 2010년부터 종부세의 부가세(surtax)인 농어촌특별세 폐지
	신도시 2개 추가 공급
	재건축 규제와 전매 완화 - 안전진단 2회에서 1회로 - 조합원 지위 양도 확대 및 층수 완화 - 수도권 전매제한 완화
	3조 원의 공적자금을 활용한 건설사 보조
결론: [고가・다주택 소유자를 위한 정책]＋[건설업자를 위한 정책] ⇒ 부동산 경기부양・거품의 전국화	

위의 표에서 살핀 것처럼 8・21대책과 9・1부동산 세제개편방안은 공급확대와 부동산 세제 후퇴를 겨냥하고 있다. 주택시장 안정을 위해 향후 10년간 전국에 500만 가구, 수도권에 300만 가구

를 공급하고 뉴타운 25곳을 추가 지정하는 등 도심 재건축·재개발도 활성화하겠다는 것을 골자로 하는 9·19대책과 종부세를 사실상 폐지하다시피 한 9·23 종부세 개정안도 공급확대와 부동산 세제 후퇴를 통해 부동산 경기를 부양하겠다는 MB정부의 의도를 충실히 반영하고 있다.

10·21대책은 앞선 정책들을 충실히 계승하면서 빈틈(?)을 착실히 메우고 있다. 부동산 투기억제를 위한 마지막 정책수단이라고 할 수 있는 부동산 담보대출관리를 느슨하게 하고 건설사들이 보유하고 있는 토지 등을 매입해 주겠다는 내용이 이를 입증한다.

물론 부동산 시장 상황에 따라 조정할 수 있는 정책들이 있다. 주택담보대출이나 투기 지역 해제 같은 것이 그런 예일 것이다. 그러나 그와 같은 조정은 보유세 및 개발이익 환수 같은 정책들이 흔들림 없이 유지된다는 전제하에서 가능하다. 보유세 등의 부동산 시장 안정화 조치들이 사실상 거의 폐기된 마당에 담보대출관리마저 느슨하게 한다는 것은 당장은 몰라도 경기가 회복된 다음에는 부동산 투기를 부추길 가능성이 매우 높다.

더 황당한 건 9조 원이 넘는 혈세를 투입해 건설사들이 보유하고 있는 주택과 토지 등을 매입하겠다는 정부의 대책이다. 이는 시장경제의 중요한 원리 가운데 하나인 자기책임의 원칙에 어긋날 뿐 아니라 건설업체의 도덕적 해이를 부추길 가능성이 높다.

지금의 미분양 사태는 건설업체의 잘못된 수요예측과 고분양가에서 비롯된 탓이 크다. 따라서 건설업체가 이른바 땡처리를 해서라도 미분양 물량을 해소하고 자신들이 가진 자산을 시장가격보다 훨씬 저렴하게 매각해 유동성을 확보하는 등의 자구노력을 하는 것이 정부의 구제보다 선행돼야 한다. 과문한 탓인지 모르겠지만 건설업계가 그런 자구노력을 기울인다는 소식을 들은 기억이 없다. 이런 마당에 정부가 건설업계를 위해 발 벗고 나서는 것이 과연 옳은 것인지 모르겠다. 아마 MB정부의 시장 프렌들리는 이런 방식인가 보다.

::국민의 정부가 한 실패를 되풀이 말아야

MB정부는 경기 활성화를 위해 부동산에 올인하고 있다. 이 같은 MB정부의 행태는 외환위기를 조기에 극복하기 위해 적극적인 건설경기 부양책을 썼던 국민의 정부의 과거 행태를 연상시킨다. 국민의 정부가 사실상의 부동산 투기 조장책을 남발한 나머지 참여정부 내내 그로 인한 부작용으로 많은 국민들이 고통을 받고 국민경제에 부담이 됐던 것은 주지의 사실이다. 그나마 국민의 정부 시절에는 건설경기 부양책이 일시적인 경기부양효과라도 있었지만 지금은 대내외 경제여건상 일시적인 경기부양효과도 기대하기 어려운 상황이다.

따라서 지금은 얻을 건 거의 없고 잃을 것만 많은 부동산 경기 부양책을 중단하고 부동산 시장의 안정적인 관리와 연착륙에 집중해야 할 때다. 만약 MB정부가 적극적인 부동산 경기 부양이라는 정책기조를 바꾸지 않는다면 장차 대내외적 경제여건이 호전될 때 지금의 건설경기 부양책이 MB정부의 숨통을 죌지도 모를 일이다.

PRESSian

2008. 10. 22.

부동산 연착륙? 해법이 틀렸다

이명박 정부가 앞뒤 잴 것 없이 부동산 대책에 올인하고 있다. 정부가 31일 발표할 예정인 부동산 대책에 '재건축 소형주택·임대주택 의무비율' 완화와 '분양가상한제' 폐지를 포함시킬 것을 검토하고 있다는 언론의 보도가 계속 나오고 있다.

정부는 이 외에도 신규 주택 매입분에 대해 한시적으로 양도소득세를 면제하는 방안, 1가구 다주택자에 대한 양도소득세 중과를 폐지하는 방안 등 양도세 인하방안을 검토 중이고, 주택담보인정비율(LTV)과 총부채상환비율(DTI)에 적용되는 고가주택 기준금액을 현행 6억 원에서 9억 원으로 상향조정하는 안도 적극 검토하고 있다는 소식이다.

그간 MB정부에서 발표한 굵직한 부동산 대책만 열거해 봐도 8·21대책, 9·1세제개편안, 9·19부동산 대책, 9·23종부세 개정안, 10 · 21부동산 대책 등이 있다. MB정부가 내놓은 일련의 정책을 관통하는 코드는 단연 공급확대와 불로소득 환수 및 투기억제 장치의 형해화다. 불로소득을 환수하고 투기적 가수요를 억제하는 기능을 하는 거의 모든 장치들 — 종부세, 양도세, 각종 개발이익환수장치 등 — 이 MB정부 아래에서 사실상 폐지되거나 기능이 정지될 운명에 처해 있다. 반면 주택공급은 적정수요를 훨씬 웃도는 수준으로 이뤄질 예정이다.

대외적 경제여건이 최악인데다 할 줄 아는 것이라고는 건설경기 부양을 통한 경기활성화뿐이다 보니 MB정부가 부동산에 몰입하는 것도 이해할 구석이 전혀 없는 건 아니다. 하지만 가뜩이나 내우외환에 시달리는 한국경제가 부동산시장 경착륙이라는 초대형 악재를 만난다면 그 후폭풍은 감당하기 어렵다.

:: 부동산시장 연착륙? 방법이 틀렸다

그래서 MB정부가 처한 상황을 십분 이해한다 해도 MB정부의 부동산 대책에 대해 후한 평가를 내리기 어렵다. 부동산 시장 연착륙이라는 정책목표와는 어울리지 않거나 어긋나는 대책들이 너무나 많기 때문이다.

첫째, 종부세 및 양도세 완화 조치가 부동산 시장 연착륙과 무슨 관계가 있는지 알 길이 없다. 본디 부동산 보유세는 시장 상황과는 상관없이 일관되게 유지되어야 하는 정책일 뿐만 아니라 주택분 종부세 부과 대상이 전체 세대 가운데 2%로 전체 부동산 시장에서 차지하는 비중이 그리 크지 않다.

게다가 종부세 과세 대상자들 대부분이 고소득자이거나 다른 자산을 상당히 소유하고 있는 사람들로 일부를 제외하고는 설령 부동산 가격이 적지 않게 떨어진다 해도 능히 이를 감내할 수 있는 사람들이다. 또한 현재 주택분 종부세 실효세율이 공시가격 10억 원 주택의 경우 0.52%에 불과한 점을 볼 때 종부세가 보유비용 효과 혹은 자본화 효과를 통해 투기적 가수요를 일정 정도 억제하는 효과를 발휘하고 있을지는 모르겠지만 기존 소유자들이 주택을 적극적으로 매도해야 하는 압력으로 작용하는 것은 결코 아니다. 따라서 부동산 시장의 연착륙을 위해서라면 이들에 대한 종부세 감면조치는 전혀 필요가 없다.

다주택자들에 대한 양도세 중과 폐지 검토도 부동산 시장 연착륙을 위한 해법으로는 적절치 않다. 기존의 다주택자들에 대한 양도세 중과를 폐지하게 되면 시장에 다량의 매물이 출회될 가능성이 높고 이는 주택 가격의 하락을 촉진하게 된다. 다주택자들에게 불로소득을 보전해 줄 생각이 아니라면 정부가 취할 정책수단이 아니다. 백 보 양보하여 부득이 부동산 시장의 연착륙을 위해 부동산의 매수를 권장할 요량이라면 기존의 다주택자들이 아니라 신규로 주택을 구매하는 사람들에게 양도세 감면혜택을 주는 것이 옳을 것이다.

둘째, 대규모 주택공급이 지금 이 시점에서 필요한지 정녕 의문이다. 정부는 9·19대책을 통해 주택시장 안정을 위해 향후 10년간 전국에 500만 가구, 수도권에 300만 가구를 공급하고 뉴타운 25곳을 추가 지정하는 등 도심 재건축·재개발도 활성화 하겠다고 발표한 바 있다.

그러나 현재 전국의 주택보급률이 107%를 넘어섰고 1인 가구와

다가구주택·오피스텔을 고려한 실질 주택보급률은 서울마저 100%에 육박하는 수준이다. 더구나 전국적으로 미분양 주택이 16만 가구(비공식적으로는 25만 가구)를 넘고 수도권조차 미분양 주택이 2만 가구를 넘는 상황이다. 게다가 대공황 이후 초유라는 전 세계적 금융공황과 악재들로 둘러싸인 국내 경제여건으로 인해 부동산 매수세는 위축될 대로 위축된 상황이다.

이런 마당에 적정수요를 넘어서는 초과공급을 하겠다는 것은 정부가 스스로 부동산 가격의 급격한 하락을 유도하는 격이다. 이제라도 정부는 주택공급이 부족하다는 궁색하기 이를 데 없는 변명을 그만두고 적정수요를 충족시키는 주택공급정책을 채택해야 할 것이다.

::건설사 고분양가 인하하도록 유도해야

주택공급이 적정규모로 이뤄진다는 전제하에 부동산 시장을 연착륙시키기 위해서는 실수요자들이 기존 주택이나 신규 주택을 손쉽게 구입할 수 있도록 정부가 도와야 한다. 이를 위한 정책수단이 부동산 담보대출(LTV, DTI) 규제 완화 및 분양가 인하 유도이다. 물론 지금처럼 자금경색이 심각한 상황에서 정부가 부동산 담보대출 규제를 완화한다 해도 금융권이 대출을 확대하는 데에는 한계가 있을 것이다. 그렇더라도 정부는 부동산 담보대출을 풀어줄 필요가 있다.

또한 정부는 건설업체들이 고분양가를 인하하도록 정책적으로 유도해야 한다. 터무니없이 높은 고분양가가 미분양 사태의 주요한 원인임은 긴 설명이 필요치 않을 것이다. 정부는 이미 누더기가

된 분양가 상한제를 아예 없애려고 할 것이 아니고 분양가를 낮추는 기업에게 인센티브를 주는 방식으로 분양가를 낮추어야 한다. 10·21대책에서 천명한 바 있는 건설업계 지원대책을 분양가를 인하하는 업체에게 인센티브로 사용하면 좋을 것이다.

PRESSian
2008. 10. 30.

"강만수 장관, 아직도 배가 고픈가?"

강만수 기획재정부 장관은 아직도 배가 고픈 모양이다. 19일 "부동산 투기와 관련된 각종 대책을 전면적으로 재검토할 필요가 있다."고 말한 걸 두고 하는 소리다. 지금 남아 있는 부동산 관련 규제라고는 분양가 상한제와 강남 3구에 대한 투기과열지구 지정 정도인데 이마저도 없애야 한다는 것이 강 장관의 소신인 것 같다.

부동산에 올인하는 강 장관을 보고 있자니 이명박 대통령이 강 장관을 그토록 총애하고 신뢰하는 이유가 무언지 확실히 알 것 같다. 자나 깨나 부동산 경기 부양 생각뿐인 이명박 대통령을 보좌할 경제참모로 강 장관만 한 사람이 또 어디 있겠나 말이다. 대통령과 경제수장이 염화시중의 경지에 이를 만큼 서로의 생각을 잘 알고 있다는 건 그 자체로 나쁜 일은 아니다. 문제는 이명박 대통령과 강만수 장관이 잘못된 생각을 공유하고 있다는 사실이다. 먼저 이들은 부동산 시장질서 유지를 위해 반드시 필요한 시장 정상화 조치들을 반시장적 규제로 혼동하고 있다. 또한 이들은 부동산 시장 연착륙을 넘어 부동산 투기 조장을 정책목표로 삼고 있는 것처럼 보인다.

::부동산 시장을 떠받치는 기둥들 모두 뽑아버려

부동산 시장도 시장 가운데 하나이고 당연히 시장질서를 유지하기 위한 기제들이 필요하기 마련이다. 시장질서를 유지하기 위한 기제들은 시장상황과는 상관없이, 또 정권의 성격과는 상관없이 장기지속되어야 한다. 보유세 현실화, 시장 투명화, 개발이익 환수장치 등이 대표적인 시장질서 유지 기구들이다.

유감스럽게도 이 대통령과 강 장관 눈에는 위에서 열거한 시장질서 유지기구들 가운데 대부분이 불필요한 규제로 보이는 듯싶다. 보유세의 한국적 변형이라 할 종합부동산세에 대한 이 대통령과 강 장관의 섬뜩한 적의(敵意)를 보면 두 사람의 흉중을 엿볼 수 있다. 아니나 다를까 두 사람은 시장 투명화 조치를 제외한 나머지 시장질서 유지 기구들을 거의 남김없이 초토화시켰다. 이 대통령과 강 장관이 부동산 시장질서를 유지하기 위해 반드시 필요한 기둥들(종부세와 각종 개발이익환수장치)을 모두 뽑아버림에 따라 부동산 시장은 사실상 아노미 상태로 접어들고 말았다.

이들은 머지않아 자신들이 내린 정책결정에 대한 대가를 자신들이 해방시켰다고 착각하는 시장에 의해 치르게 될 것이다. 적어도 대한민국의 대통령쯤 되면 종부세가 전봇대와는 다르다는 사실 정도는 알고 있어야 하지 않겠는가?

:: 부동산 연착륙을 바라나? 부동산 투기를 바라나?

한 달이 멀다 하고 쏟아져 나오는 이명박 정부의 부동산 정책을 살펴보면 이 대통령과 강 장관이 달성하려고 하는 정책목표가 무언지 혼란스럽다. 말만 들어보면 두 사람이 추구하는 정책목표가 부동산 시장 연착륙인 것 같지만 대책을 구체적으로 분석해 보면 사실상 부동산 투기를 조장하고 있다고 판단해도 별 무리가 없기 때문이다. 무엇보다 이명박 대통령과 강만수 장관은 부동산 시장 연착륙이 달성하려고 하는 정책목표인지, 부동산 투기와 그로 인한 가격상승이 정책목표인지 명확히 밝히기 바란다.

현재 시점에서 부동산 시장의 경착륙을 바라는 사람은 거의 없을 것이다. 가뜩이나 나쁜 대내외적 경제여건을 감안할 때 부동산 시장마저 경착륙한다면 파국적 결과가 초래될 것이기 때문이다. 문제는 부동산 시장 연착륙을 달성할 수 있는 정책수단이 무엇인가 하는 점이다.

정부가 사용할 수 있는 시장 연착륙을 위한 정책수단 중 대표적인 것이 담보대출(LTV, DTI) 관리를 느슨하게 하는 것, 한시적인 취·등록세 감면조치(단, 지자체의 세수부족분을 중앙정부가 보전해 줘야 함), 신규주택 취득자에 대한 한시적인 양도세 감면 조치, 전매 제한의 완화 등이다.

그런데 이명박 정부는 위에서 열거한 부동산시장 연착륙 조치들은 거의 전부 사용하면서 부동산 시장질서 유지를 위해 필수불가결한 기제들마저 거의 형해화시켰다. 이명박 정부가 추구하는 정책 목표가 기실 부동산 투기 조장 및 그로 인한 가격 상승이라고 의심받는 이유이다.

::잘못된 부동산 정책밖에 모르는 경제수장

강만수 장관의 19일 발언을 보니 이런 의심이 확신으로 바뀐다. 부동산 관련 규제를 그렇게 풀고도 아직도 성에 차지 않아 하는 강 장관에게서 정책결정에 대한 확신을 넘어 어떤 종교적 열정까지 느껴진다. 강만수 장관은 자신이 미구에 닥칠 부동산발 재앙을 열심히 예비하고 있다는 사실을 알고나 있는지 모르겠다. 경제정책이라고는 부동산에 관한, 그것도 잘못된 부동산 정책만을 알고 있는 대통령과 경제수장을 보는 일은 괴롭고 슬프다. 대한민국에 드리운 두 사람의 무능과 독선의 그림자가 짙다.

PRESSian

2008. 12. 19.

용산참사가 남긴 과제들

화염에 뒤덮인 망루 뒤편으로 우뚝 치솟은 주상복합건물들이 보였다. 불에 타 죽어가던 철거민들이 지상에서 마지막으로 본 광경은 바로 그 건물들이 아니었을지. 죽거나 다치는 철거민들을 화면으로 지켜보는 심정은 내내 참혹했다.

용산재개발 구역에서 발생한 비극을 표면적으로 이해하는 일은 비교적 쉽다. 양심과 상식이 있는 사람이라면 누구나 경찰의 이해할 수 없는 폭력진압이 참사의 원인임을 금방 알 수 있으니 말이다. 한나라당이나 과점신문들이 전국철거민연합회(전철연)의 폭력성을 부각시키면서 끊임없이 물타기를 시도하고 있지만 여기에 현혹될 어리보기들은 그리 많지 않을 것 같다.

당장 급한 것은 이번 사건의 책임자들에 대한 문책과 대통령의 사과다. 과잉진압 — 이런 표현도 사치스럽게 느껴진다 — 에 책임이 있는 경찰지휘관 등에 대한 문책은 당연히 필요하다. 희생자들에 대한 애도와 사과에 극히 인색한 모습을 보이고 있는 대통령의 대국민 사과도 피할 길이 없어 보인다. 5명의 시민들이 공권력의 부적절한 행사에 의해 사망한 사건이다. 선진국이라면 내각이 총사퇴해도 이상할 것이 없는 사안이다.

:: 국가는 합리적 중재인이나 조정자의 역할을 해야

사건의 이면을 들여다보면 문제가 조금 복잡해진다. 이번 사건은 현대국가의 역할에 대해 근본적인 질문을 던지는 계기가 됐다. 일찍이 마르크스는 국가를 "부르주아들의 일상사를 처리하는 위원회"라고 갈파한 바 있다. 자본가 계급의 이해를 관철시키는 것이 국가의 주요한 역할과 기능이라고 규정한 것이다. 마르크스 당대의 국가는 비판적 지식인과 혁명가들의 눈에 그렇게 보였다.

그러나 적어도 현대의 주요 선진국들을 마르크스 방식으로 해석하는 것은 별로 설득력이 없다. 수다한 역사적 경험과 변화된 현실이 국가가 특정 계급의 이익만을 대변하는 역할을 하는 것을 허용하지 않았기 때문이다. 익히 알려진 선진국들은 국가 내에 존재하는 다양한 계층과 이해관계자들을 합리적으로 중재하거나 조정하는 역할을 기꺼이 맡고 있다. 그런 것이 시대의 흐름이고 대세다. 불행히도 이명박 정부는 이런 세계적 트랜드에 역행하고 있다. 그리고도 부끄러운 줄 모른다.

용산재개발 구역에서 발생한 개발업자(시공사 및 시행사, 재개발조합)들과 철거민 간의 다툼은 기본적으로 이해관계를 달리하는 사인(私人) 간의 쟁의였다. 이명박 정부는 이들이 타협과 대화를 통해 합의에 이르도록 중재하고 조정을 하는 역할을 했어야 옳았다. 그러나 이명박 정부는 개발업자 편에 서서 철거민들을 폭력적으로 배제하는 방법을 택했다.

본디 대화와 설득에는, 조정과 중재에는, 긴 시간과 인내심이 요구된다. 이명박 정부는 합리적인 중재자가 될 마음은 고사하고 공정한 심판의 입장에서 개발업자와 철거민 사이의 조정을 지켜볼 마음도 없었다. 국가는 합리적인 중재인 역할을 하거나 적어도 공정한 심판은 되어야 한다는 생각이 이명박 정부에게는 애당초부터 존재하지 않았던 듯싶다.

:: 주거권에 대한 정당한 보상이 있어야

용산 참사는 용산이라는 지역에만 국한된 사건이 아니다. 이런저런 재개발과 수용이 이뤄지고 있는 곳에서는 제2의 용산참사가 발생할 가능성이 있다. 개발업자들과 철거민 사이에 수용과 재개발, 철거를 둘러싸고 벌어지는 극단적인 대결의 근본원인은 수용이 용이한 데 비해 보상이 박하기 때문이다. 물론 과도한 보상 요구 및 알박기(재개발 예정 지역의 중요한 지점의 땅을 미리 조금 사놓고 개발을 방해하며 개발업자로부터 많은 돈을 받고 파는 행위) 등의 문제가 철거현장에 있는 게 사실이지만 이는 지엽적인 문제이다.

수용당한 사람들이 다른 곳으로 이주해 이주하기 전과 같은 수준의 주거여건과 생계(자영업자들의 경우)를 영위할 수 있는 정도의 보상이 주거권 혹은 생활권 수준에서 이뤄져야 한다. 그래야만 개발업자와 철거민 사이의 전투적이고 비타협적인 대결이 대부분 종식된다. 철거민들에 대한 주거권 차원의 보상은 개발업자들이 전유하는 개발이익의 몫을 조금만 줄이면 될 일이다. 이번 사건을 계기로 철거민들의 주거권 내지 생활권 차원의 보상을 적극 고민해야 한다.

불행히도 용산 참사 이후 청와대와 한나라당이 보이는 반응을 보면 앞으로도 국가가 합리적인 중재인의 역할을 하거나 공정한 심판의 역할을 할 가능성은 낮아 보인다. 하물며 주거권 혹은 생활권 차원의 보상은 언감생심이다. 제2, 제3의 용산참사가 준비되고 있는 것은 아닌지 벌써부터 걱정이다.

PRESSian

2008. 1. 22.

종부세를 둘러싼 싸움의 기록

종부세를 기쁘게 내야 하는 까닭

사방에서 '세금폭탄' 소리가 요란하다. 대부분 중앙일간지들은 '세금폭탄' 기사로 도배하다시피 하고 있다. 그렇다. 바로 종합부동산세(아래 종부세) 얘기다. 주택가격 급등으로 공시가격이 크게 올랐고 이에 더해 과표적용률도 현실화됨에 따라 종부세 과세 대상 및 부과 금액이 크게 늘었고 이에 대한 반발이 적지 않다는 것이 조중동을 위시한 수구언론들의 보도 요지이다.

기실 참여정부가 내놓은 부동산 정책이 한두 가지가 아니지만 그중 단연 논란이 되고 있는 것이 보유세, 그중에서도 종부세에 관한 것이다. 8·31부동산종합대책이 발표될 시점부터 불거지기 시작한 종부세 논란은 아직까지 그 위세를 잃지 않고 진행되는 중이다.

답답한 것은 종부세를 둘러싸고 벌어지는 참여정부와 조중동 및 한나라당 사이의 논쟁이 표피적, 감정적으로 흐르면서 국민들이 종부세가 지닌 사회적 함의를 직시하는 걸 방해하고 있다는 사실이다. 새삼 종부세가 사람들의 관심을 끌고 있는 지금 종부세를 둘러싸고 불거지고 있는 여러 사회적 오해가 무엇인지를 짚어보고 그 허실을 따져보는 것은 종부세를 놓고 벌어지는 소모적 논쟁을 종식시키기 위해서라도 필요한 일일 것이다.

[오해①] 종부세는 징벌적 세금이다?

'종부세는 편 가르기에 익숙한 참여정부가 강남사람들을 혼내주기 위해 만든 세금이라는 것'이 이 주장의 골자이다. 그러나 이런 주장은 불순한 의도를 지닌 악의적 선동이거나 무지의 소산일 가능성이 높다. 종부세는 개인이나 법인이 국가와 사회로부터 받는 서비스에 대한 대가일 뿐이다.

강남을 예로 들어보자! 익히 알다시피 강남 지역의 아파트 가격이 상상을 초월할 만큼 높은 이유는 무엇보다 사회적 인프라, 즉 도로, 지하철, 공원, 의료시설, 학교, 상권 등이 다른 지역에 비해 월등히 우수하기 때문이며 이는 곧 삶의 질이 타 지역에 비해 높다는 것을 의미한다. 강남사람들도 자신들이 대한민국에서 가장 좋은 곳에 살고 있다는 데에는 대부분 동의할 것이다. 물론 강남에 구축된 사회적 인프라는 대부분 국세로 마련된 것이다.

이와 같이 값비싼 서비스를 국가와 사회로부터 받는다면 그에 상응하는 대가를 치르는 것이 당연하다. 이런 측면에서 보면 강남 주민들이 다른 지역 주민들보다 양질의 서비스를 국가와 사회로부터 받는 만큼 더 많은 보유세를 내는 것은 너무나 자연스러운 일이라 할 것이다.

[오해②] 세 부담 증가가 너무 급격하고 세액이 과다하다?

'종부세도 좋지만 불과 1～2년 사이에 세금을 몇 배씩 올리는 경우가 세상천지에 어디 있느냐' 하는 것과 '종부세액이 지나치게 과다해 어지간한 봉급생활자는 이를 감당하기 어렵다'는 것이 이 주장의 요지이다.

그러나 이 주장 역시 합리적 근거가 없다. 물론 종부세 과세 대상자들의 입장에서는 단기간 내에 급증한 세액이 몹시 불만스러울 것이다. 그러나 종부세 과세대상자들이 부담해야 할 실효세율은 여전히 낮은 수준에 머물러 있다. 국세청이 분석한 2007년도 주택 공시가격에 따른 보유세 부담 현황(추계)을 보면, 공시가격 기준으로 6억～10억 원이면 실효세율은 0.3～0.6%, 공시가격이 11억～16억 원이면 0.7～0.9% 수준에 그친다. 공시가격이 17억 원(시가 25억 원대) 이상이 되어야 실효세율이 1%대를 넘어선다. 한편 2005년 9월 21일 재정경제부는 8·31대책의 주택 보유세 시뮬레이션 결과를 일부 공개하면서, 2009년까지 종합부동산세 대상자의 보유세 실효세율은 0.89%로, 전체 보유세 대상자의 보유세 실효세율은 0.36%로 올라가고, 2017년까지는 각각 1.04%, 0.61%로 올라갈 것이라고 밝힌 바 있다. 즉 현재의 보유세 실효세율은 선진국에 견주어 한참 낮은 수준임에 분명하다.

종부세 과세대상에 대한 실효세율이 여전히 매우 낮은 수준임에도 실효세율이 단기간 내에 급격히 상승하는 것처럼 보이는 것은 무엇보다 과거의 보유세 실효세율이 터무니없이 낮았기 때문이다. 쉽게 말해 과거의 보유세 실효세율이 비정상이고 지금이 정상이라는 뜻이다. 또한 종부세액이 급증한 데는 지난 1～2년 사이에 부동산 가격이 급등한 탓이 매우 크다. 종부세액이야 부동산 가격이 하향 안정화되면 저절로 줄어들 것이니 그리 걱정할 일이 아니라는 말이다.

'종부세액이 과중해 웬만한 봉급생활자들은 감당하기 어렵다'는 주장도 이치에 닿지 않기는 마찬가지다. 무엇보다 종부세는 소득세가 아니라 재산세다. 많은 재산을 가지고 있는 사람에게 그에 걸맞은 세금을 내라고 하는 것이 무엇이 문제란 말인가? 분에 넘치는 재산을 소유하고는 싶고 그에 합당한 세금은 내기 싫다는 논리를 헤아리기는 어렵다. 종부세가 부담되면 팔고 다른 곳으로 이사가면 될 일이다. 거주이전의 자유 운운하는 건 어린아이들이 부리는 투정보다 유치하다.

[오해③] 종부세 부과 기준이 너무 낮다?

'종부세 부과 기준이 주택의 경우에는 6억 원 초과인데 이 기준이 너무 낮아 선량한(?) 피해자가 속출한다'는 것이 이 주장의 골자이다.

물론 개인주택분 종부세 대상자가 지난해 23만 2,000가구에서 38만 1,000가구로 늘어날 것으로 추산되는 것은 사실이다. 이렇듯 개인주택분 종부세 과세 대상자들이 늘어난 것은 무엇보다 근래 주택 가격이 급등했기 때문이다. 따라서 주택 가격이 하향 안정화되면 개인주택분 종부세 과세대상자들도 줄어들게 될 것이 자명하다. 개인주택분 종부세 과세대상자들이 크게 늘었음에도 올해 종부세 대상 가구는 전국 가구의 2.1%, 전국 주택보유 가구 수의 3.9% 수준에 불과하다.

[오해④] 1가구 1주택 소유자나 무소득 고령자들을 배려해야 한다?

'1가구 1주택자들은 실수요자들인데 왜 이들을 투기꾼 취급하느냐' 하는 것과 '소득이 없는 고령자들에게 고액의 종부세를 거두는 것은 가혹하다'는 것이 이 주장의 요지이다. 위에서도 언급한 것처럼 보유세는 사회적 서비스에 대한 대가이다. 투기목적이건 실수요목적이건 구분할 이유가 없다. 누구도 1가구 1주택자들을 투기꾼이라 비난한 적이 없다. 단지 사회로부터 받은 서비스에 대해 반대급부를 내라는 것뿐이다.

소득 없는 고령자들을 배려하자는 주장도 합리적 근거가 없기는 마찬가지다. 종부세 과세대상에 해당하는 주택의 거래가격은 적게 잡아도 8억 원을 크게 상회할 것이다. 8억 원을 훨씬 상회하는 주택을 보유하고 있는 노인들에게 상당한 수준의 소득이 없을 리도 만무하지만, 만약 종부세를 납부할 능력이 되지 못한다면 지금 살고 있는 주택을 팔고 공기 좋은 곳으로 내려가 여생을 즐기는 것이 합리적인 선택일 것이다. 물론 상속이나 증여, 매매 등 소유권 이전이 발생할 때까지 종부세 납부를 유예해 주는 것은 전향적으로 검토할 만하다. 그러나 노령층이라고 해서 면세나 감세의 대상이 될 수는 없는 일이다. 부동산 가격 상승의 수혜가 노령층이라고 해서 빗겨가지 않은 것처럼, 공평과세의 원칙에서 노령층도 예외일 수는 없다. 더욱이 종부세는 소득세도 아니고 재산세인 바에야 더 긴 말이 필요 없을 성싶다.

[오해⑤] 종부세는 미실현 이득에 대한 과세라 위헌이다?

과세대상인 자본이득의 범위를 실현된 소득에 국한할 것인가 혹은 미실현 이득을 포함시킬 것인가의 문제는 입법정책의 문제일 뿐이라는 것이 대한민국 헌법재판소의 입장이다. 아래의 결정을 보시기 바란다.

> "과세대상인 자본이득의 범위를 실현된 소득에 국한할 것인가 혹은 미실현 이득을 포함시킬 것인가의 여부는, 과세목적 · 과세소득의 특성 · 과세기술 상의 문제 등을 고려하여 판단할 입법정책의 문제일 뿐, 헌법상의 조세개 념에 저촉되거나 그와 양립할 수 없는 모순이 있는 것으로는 볼 수 없 다."[92헌바 49 등, 선고 1994 - 7 - 29])

[오해⑥] 종부세는 이중과세이고 과세 방식이 '세대별 합산' 방식이라 위헌이다?

위의 주장 역시 견강부회(牽强附會)라는 혐의를 지울 길이 없다. 먼저 종부세의 산출세액에서 과세 대상자가 이미 납부한 재산세를 차감한 후 종부세를 부과하므로 이중과세 지적은 완전히 잘못된 것이다.

또한 종부세의 '세대별 합산' 과세 방식이 위헌 소지가 크다는 지적도 수긍할 수 없기는 마찬가지다. △공공재산적 성격이 매우 강한 부동산은 일반 소득과는 다르게 취급되어야 한다는 점, △모든 개별적인 경제주체가 부동산을 각각 소유하는 것이 일반적인 경제현상은 아니며 따라서 혼인을 통해 보유세 부담이 늘어난다고 해도 이는 마땅히 수인해야 하고 이는 혼인한 사람에 대한 차별이 아니라는 점, △모든 국민이 쾌적한 주거생활을 영위해야 한다는 것은 헌법상의 기본권이라는 점 등이 종부세의 '세대별 합산' 과세 방식이 위헌이 아님을 증명한다.

[오해⑦] 종부세는 전월세에 전가되어 결국 서민들만 피해를 본다?

종부세에 극력 반대하는 조중동 등 수구언론과 한나라당 등에서는 위의 주장을 종부세 반대의 근거로 즐겨 사용하곤 한다. 그러나 위의 주장도 궁색하기로 따지자면 이미 살펴본 주장들과 별반 다르지 않다. 경제학상으로 토지에 부과되는 세금은 전가되지 않는다. 건물에 부과되는 세금의 일부가 전가될 수 있지만 그리 심각한 수준은 아니다.

작년에 기승을 부렸던 전·월세 가격 상승은 종부세 과세대상자들이 종부세를 전·월세자들에게 전가했기 때문이 아니라 정부의 강력한 부동산 정책으로 인해 장래 부동산 가격이 안정될 것으로 예상한 시장 참여자들이 부동산 매수를 꺼리고 전·월세를 선호했기 때문이라고 해석하는 것이 합리적이다.

::기쁜 마음으로 종부세를 내시라

위에서 살펴본 것처럼 종부세에 대한 오해 및 그에 기초한 반대 논리는 합리적 근거를 결여한 악의적 선동에 가깝다. 종부세 반대론의 총본산이라 할 조중동 등의 수구언론은 이쯤에서 의도가 뻔히 보이는 악의적 선전선동을 그만두는 것이 좋겠다.

아울러 종부세 과세대상자들은 기쁜 마음으로 종부세를 납부하시기 바란다. 국가와 사회로부터 많은 수혜를 입었으면 그에 상응하는 의무를 부담하는 것이 민주공화국 시민의 기본적 책무임을 종부세 과세대상자들은 잊지 마시기 바란다.

『OhmyNews』

2007. 3. 17.

이명박의 종부세 폐지안이 잘못된 4가지 이유

한나라당 경선 후보인 이명박 전 서울시장이 지난 9일 대선 공약인 '서민을 살리는 조세개혁' 방안을 내놓았다. 그중에서 단연 눈에 띄는 것은 종합부동산세(종부세)를 재산세·자동차세·도시계획세 등과 함께 재산보유세로 통합하겠다는 대목이다.

물론 이 전 시장 측은 종부세의 골간을 유지하겠다는 입장을 밝혔지만 '종부세'라는 세목이 사라지면서 사실상 종부세가 폐지되는 것 아니냐는 의구심이 강하게 제기되고 있다.

이제부터 이명박 전 시장이 내놓은 종부세 개정안의 문제점을 하나하나 살펴보기로 하겠다.

1. 국세에서 지방세로의 전환이 가져올 폐해

이 전 시장이 내놓은 종부세의 지방세로의 통합이 지닌 가장 큰 문제점 가운데 하나는 국세인 종부세가 지방세로 전환된다는 점이다. 이렇게 되면 종부세가 지닌 주요한 기능 가운데 하나인 '투기적 가수요 억제' 기능은 사실상 형해화될 수밖에 없다. 이는 재작년과 작년에 강남구 의회가 재산세 탄력세율 적용을 통해 생생히 보여준 바 있다. 본디 중앙정부와 달리 지방정부는 '투기적 가수요 억제'에는 별 관심이 없다. 지방정부는 무엇보다 자치단체 구성원들의 이해를 중심에 놓고 사고하기 때문이다.

물론 조중동 등의 수구언론과 일부 경제학자들은 보유세는 응익적(應益的) 성격이 강하므로 종부세를 국세로 하는 것은 옳지 않고 지방세로 전환해야 한다고 줄기차게 주장해 왔다. 그러나 이러한 주장은 하나는 알고 둘은 모르는 소리이다. 전국 최고 수준을 자랑하는 강남벨트 소재 아파트 가격은 단연 강남벨트의 인프라 — 지하철, 도로, 공원, 학교 등 — 수준이 타 지역을 압도하는 데서 기인한다. 강남벨트의 인프라 대부분은 중앙정부와 서울시가 국민들의 세금으로 구축하였음은 물론이다. 이런 마당에 응익성 운운하면서 종부세의 지방세 전환을 주장하는 것은 궁색하기 이를 데 없다 하겠다.

2. 장기 보유 1가구 1주택자에 대한 감면조치는 보유세의 근간을 훼손

이 전 시장이 내놓은 조세 공약에는 장기 보유 1가구 1주택자에 대한 종부세 감면이 담겨 있다. 아마 이 전 시장은 장기 보유 1가구 1주택자들은 투기목적으로 고가 주택을 보유하고 있는 것이 아니므로 과중한(?) 종부세 부담을 덜어주는 것이 옳다고 생각한 성싶다. 그러나 이 전 시장은 보유세의 근본 취지를 완전히 오해하고 있다. 보유세는 개인과 법인이 국가와 사회로부터 받는 사회적 서비스에 대한 대가라는 성격이 강하다. 물론 투기 억제의 성격도 있지만 이는 상대적으로 부차적이라 할 것이다. 이런 관점에서 보면 장기 보유 1가구 1주택 소유자라고 해서 종부세의 감면 대상이 될 이유는 전혀 없는 것이다.

3. 세대별 합산을 통한 누진 과세 효과의 상실

이 전 시장의 조세 공약에는 종부세의 가장 큰 특징 가운데 하나인 '세대별 합산'이 세목 변경 이후 어떻게 될 것인지에 대한 설명은 담겨 있지 않다. 그러나 종부세가 지방세로 통합되면 '세대별 합산'은 사실상 어렵다고 보아야 할 것이다. 만약 '세대별 합산'이 이뤄지지 않는다면 누진 과세효과를 기대할 수 없고 이는 곧 '투기적 가수요 억제' 기능의 전면적 후퇴를 의미한다.

한겨레신문에 실린 아래 예시는 세대별 합산을 통한 누진 과세

효과의 상실이 가져올 결과가 얼마나 참혹한가를 잘 보여주고 있다.

> "예를 들어, 공시지가 6억 원짜리(시가 8~9억 원) 집 5채를 각 지방자치 단체에 한 채씩 갖고 있다면, 현재는 합산액 30억 원을 과표로 종부세 2억 5,600만 원, 재산세 7,240만 원 등 4억 1,658만 원의 보유세를 내야 한다. 그러나 합산이 지방 정부별로 이뤄지면, 6억 원에 대한 낮은 세율을 각각 적용받아 종부세 없이 재산세 1,240만 원을 5개 지방정부에 분산 납부해 모두 6,200만 원만 내면 된다."(한겨레신문, 7월 11일자)

4. 자치단체들 간의 재정 불균형 심화

이 전 시장의 조세 공약대로 조세체계가 개편된다면 자치단체들 간의 재정 불균형이 한층 심화될 가능성이 높다. 주지하다시피 그간 종부세는 지방단체들 간의 재정 불균형을 일부 교정하는 역할을 해 왔다. 이런 마당에 종부세를 지방세로 통합한다면 자치단체들 간의 재정 불균형이 심화될 것이 불을 보듯 분명하다. 종부세 납부인원 대부분이 이른바 '버블세븐' 지역에 집중돼 있는 현실을 보면 이런 조치가 특정 지역에만 혜택을 가져올 것이 확실하다.

::1%의 부동산 부자만을 위한 조세 공약을 철회하길

위에서 살핀 것처럼 이 전 시장이 야심차게 표방한 '서민을 살리는 조세개혁'안은 제목과는 달리 대한민국 1%에 해당하는 부동산 부자들만을 위한다는 혐의에서 자유롭기 어렵다.

이 전 시장 입장에서 상황이 한결 나쁜 것은 이 전 시장과 친인

척들이 많은 부동산을 소유하고 있는 데 더해 이런저런 부동산 투기 의혹을 받고 있다는 점이다.

국민들은 이 전 시장이 자신과 친인척들을 위해 종부세를 사실상 폐지하려고 한다고 생각할 법하다. 즉 이 전 시장은 오얏나무 아래에서 갓끈을 고쳐 쓴 셈이 되고 말았다.

이명박 예비후보가 세간의 의혹으로부터 벗어날 수 있는 출발점이자 1%의 부동산 부자들만을 위한 대통령 예비 후보라는 이미지를 탈색시킬 수 있는 계기는, 조세 공약 그중에서도 종부세의 사실상 폐지안을 철회하는 것임을 이 예비후보가 명심했으면 좋겠다.

『OhmyNews』
2007. 7. 11.

이혜훈 의원은 서초구민인가 대한민국 국회의원인가

한나라당 내에서 손꼽히는 경제통으로 분류되는 친박계 이혜훈 의원(서초갑)이 18대 국회가 개원한 30일 장장 8시간 동안 의안과 문고리를 잡고 버틴 끝에 '1호 법안 발의자'가 됐다. 이 의원 입장에서는 영광스러운 일이 아닐 수 없다.

그런데 문제는 이 의원이 발의한 법안이 부동산 부자들만을 위한 것이라는 사실이다. 그녀가 제출한 법안은 '종부세 개정안'인데, 1가구 1주택 보유자에 대해서는 종합부동산세를 면제해 주고, 현행 세대별 합산 과세도 인별 과세로 전환하자는 것이 그 골자다. 만약 이 의원의 개정안대로 종부세법이 개정되면 종부세는 사실상 형해화되고 만다. 왜 그런지 차근차근 살펴보기로 하자!

::1주택자 종부세 면제가 부당한 이유

이 의원은 "이 법안이 통과되면 2007년 종부세 개인 납세자 37만 9천 세대 중 1가구 1주택자 14만 7천 세대가 종부세를 면제받게 될 것"이라고 말했다고 한다. 현행 주택분 종부세 납세 의무자 가운데 거의 40%가 사라지는 셈이다. 이 의원은 1주택자에 대해서 종부세를 면제해 주어야 하는 이유에 대해 "현재 종부세법은 1세대 1주택 소유자들한테까지 지나친 세금 부담의 고통을 안겨줘 개정이 필요하다."고 말했다고 한다.

그러나 이 의원의 1주택자 종부세 면제 개정안은 근본적으로 잘못된 것이다. 이 의원은 마치 종부세를 징벌적 세금인 것처럼 말하고 있는데 이는 전혀 사실이 아니다. 주지하다시피 종부세는 개인이나 법인이 사회와 공공으로부터 받는 사회적 혜택과 서비스에 대해 대가를 지불하는 사용요금의 성격을 지니고 있으므로, 1주택자라 하더라도 토지라는 사회적 서비스를 제공받는 만큼 그에 상응하는 대가를 지불하는 것은 너무나도 당연한 것이다. 이런 관점에서 본다면 종부세 납부대상을 선정함에 있어 1주택자이건, 다주택자이건, 투기목적이건, 실수요목적이건 구분할 필요가 없다.

또한 1주택자들을 종부세 대상에서 제외하게 되면 다주택자들과의 형평성 논란뿐만 아니라, 대형 주택의 증가라는 부동산시장의 왜곡을 발생시킨다. 많은 사람들이 '1주택자는 실수요자'라는 생각을 바탕으로 '1주택자 종부세 감면'을 주장하고 있지만 고가의 주택을 소유하고 있는 1주택자들의 경우에도 얼마든지 투기목적이 있을 수 있다. 만일 1주택자들에게만 종합부동산세 감면 조치를 취한다면, 20억 원짜리 1채를 가지고 있는 사람은 종합부동산세 대상에서 제외되고 5억 원짜리 주택 2채를 소유한 경우는 포함되는데, 이것이 과연 정당한 것인가? 이렇게 되면 고가 주택에 대한 투기적 수요가 폭증할 것이고 이는 다시 부동산투기를 불붙일 도화선이 될 것이 불을 보듯 뻔하다. 요컨대, 1주택자에게도 종부세를 부과하는 것은 지극히 당연하다 할 것이다.

::세대별 합산을 무너뜨리면 종부세는 누가 내나?

지금의 세대별 합산 과세 방식을 인별 과세로 전환하는 것도 심각한 문제점을 안고 있다. 국세청에 따르면 지난해 개인주택분 종부세 납부자는 모두 37만 9,000명이었다. 이 중 세대별 합산 방식으로 공시가격 6억~12억 원 주택을 보유한 세대는 30만 5,000세대였다.

만약 종부세를 현행 세대별 합산에서 인별 합산으로 바꿀 경우 종부세 납부 대상자는 격감하게 된다. 여러 명의 세대 구성원 명의로 된 주택은 합산되지 않는데다, 부부 공동 명의로 된 고가 주택 보유자들은 공시가격 12억 원 이하면 남편과 아내가 각각 6억 원 미만의 주택을 갖는 것으로 간주되기 때문에 종부세 납부 대상에서 자동으로 빠지게 되기 때문이다. 또한 단독 명의로 고가 주택을 갖고 있는 사람들은 부부 공동 명의 혹은 세대원 공동 명의로 바꾸면 손쉽게 종부세 대상에서 제외될 수 있다. 배우자 증여 방식으로 명의를 변경하는 경우 6억 원까지 증여세를 면제받기 때문에 명의 변경에 대한 부담도 전혀 없다.

한편 공시가격 기준 12억 원이 넘는 주택을 보유한 세대조차 부부 공동 명의로 변경할 경우 종부세 부담이 이전과는 비교할 수 없는 수준으로 줄어들게 되고 3명 이상의 세대원 명의로 변경할 경우는 아예 종부세를 면제받을 수도 있다. 지난해 공시가격 기준 12억 원이 넘는 주택은 7만 4,000세대였다. 결국 종부세 부과 방식을 세대별 합산에서 인별 합산으로 바꾸면 종부세가 완전히 무력화되는 효과를 낳게 되는 셈이다.

일각에서는 세대별 합산이 위헌이라는 주장을 강하게 하고 있지만, 종부세의 입법목적이 고액의 부동산 보유자에 대하여 종부세를 부과하여 부동산 보유에 대한 조세부담의 형평성을 제고하고, 부동산의 가격안정을 도모함으로써 지방재정의 균형발전과 국민경제의 건전한 발전에 이바지함을 목적으로 하고 특히 부동산 투기억제를 목적으로 하고 있는 점, 이런 점을 감안할 때 세대별 합산과세는 헌법 제37조 2항(즉 국민의 기본권은 국가안전 보장, 질서유지 또는 공공복리를 위하여 필요한 경우에는 본질적인 부분을 제외하고서는 법률로써 제한이 가능하다는 규정)에 근거하여 합리적인 원인에 의한 차별이라는 점, 양도소득세의 경우에서 알 수 있는 것처럼 부동산의 경우 세대를 기준으로 과세하는 것이 사회 상규에 부합하고 종부세의 입법목적에도 맞는다는 점 등을 볼 때 이런 주장은 크게 잘못된 것임을 알 수 있다.

재미있는 것은 지난 2005년 11월 종부세 과세방식을 세대별 합산으로 바꾸는 개정안을 국회에 대표 발의한 사람이 바로 이혜훈 의원이라는 사실이다. 당시 이 의원 등은 개정안을 통해 "현행 종부세 과세방식(개인별 과세)은 부부가 개인별로 공시가격 이하의 고가

주택을 소유하는 경우 종부세가 과세되지 않는 등 미비한 점이 많아 당초의 도입취지를 살리지 못하고 있다."고 설명하면서 이에 따라 "세대별 합산과세로 전환해 투기 목적의 부동산 보유자들이 종부세를 회피하는 것을 막을 필요가 있다."고 취지를 설명한 바 있다.

도대체 그동안 무슨 일이 벌어진 것일까? 정권이 바뀐 것 이외에는 이 의원이 자신의 말을 180도 뒤집을 아무 일도 없었다.

:: 이혜훈 의원 = 부동산 부자들의 놀민관

여기서 잠시 이 의원의 지난 활약상을 직접 확인해 보도록 하자! 판교발 투기광풍이 수도권을 강타하던 2005년 6월 이혜훈 의원은 소득세법 및 종합부동산세법 그리고 지방세법 개정안을 국회에 제출한 바 있다.

이 의원이 제출한 소득세법 개정안은 당시 9%(양도소득 1,000만 원 이하), 18%(1,000만~4,000만 원 이하), 27%(4,000만~8,000만 원 이하), 36%(8,000만 원 초과)였던 양도세율을 각각 6%, 12%, 18%, 24%로 대폭 낮추는 것이 골자였다. 또한 이 의원이 제출한 종합부동산세 개정안은 1가구 1주택 소유자를 종합부동산세 부과 대상에서 제외하는 것을 핵심으로 했고, 지방세법개정안은 재산세 표준세율과 거래세율을 인하하는 내용을 담고 있었다.

쉽게 말해서 부동산 보유, 거래, 양도와 관련된 모든 세금을 낮추자는 것이 이혜훈 의원이 제출했던 각종 법률개정안의 요지이다. 만약 이 의원이 발의했던 개정안대로 법률이 개정되었다면 부동산 투기는 한층 심해졌을 것이다.

또한 이 의원은 지난 2006년 12월 "1가구 1주택자는 종합부동산세 과세대상에서 제외해야 한다."며 세법 개정을 위해 자신의 지역구에서 10만 명 서명운동을 펼치는 한편, 자신의 지역구인 서울 서초구 주민들에게 '이럴 수가! 1가구 1주택인데 종부세라니'라는 제목의 종부세 개정을 촉구하는 전단지를 가가호호(家家戶戶) 배포한 적이 있다. 지역구민들을 상대로 사실상 종부세 납세 거부를 선동한 셈이다.

부동산 부자들이 대거 몰려 있는 자신의 지역구만을 위한 이혜훈 의원의 활동은 이처럼 일관되고 성실하다.

::참 좋은 세금, 종부세

이 의원이 사실상의 폐지안을 제출한 종부세는 과연 나쁜 세금일까? 정답은 그 반대다. 여기서 잠시 종부세가 어떤 효과를 발휘하고 있는지 살펴보는 것이 좋겠다.

첫째, 자신의 능력에 적합한 부동산 보유를 유도하는 데 기여하고 있다. 예를 들어 어떤 자동차를 구입할 것인가를 결정할 때, 합리적인 경제 행위자라면 구입비용과 유지비용을 고려한다. 고소득 계층의 경우에는 비싼 자동차를 비싼 유지비를 내고 사용하겠지만, 소득이 낮은 자는 그 소득에 맞게 자동차를 구입·유지하는 것처럼 종부세 납부 능력에 맞게 부동산을 소유하도록 유도하는 것이다. 그러나 종부세가 후퇴하게 되면 투기를 목적으로 능력에 맞지 않는 소유를 할 가능성이 커진다.

둘째, 투기수요를 억제하는 효과를 발휘하고 있다. 보유세는 소유자에게 비용으로 작용하기 때문에 그 부동산을 통해서 비용 이상의 수익이 발생할 것이라 예상되지 않으면 소유자는 투기목적으로 보유하고 있는 주택을 시장에 내놓게 되고, 불로소득을 예상하는 투기적 가수요는 줄어들게 된다. 이렇게 되면 종부세 과세 대상 주택의 가격은 자연스럽게 하락하게 된다.

국토해양부가 2008년 4월 29일 발표한 자료에 따르면, 전국 933만 가구의 공동주택(아파트 · 연립 · 다세대주택) 가격을 전수 조사한 결과 2008년 1월 1일 기준 전년대비 평균 2.4% 상승한 것으로 나타났다. 이는 2006년(16.4%)과 2007년(22.7%)에 비해 가격 상승폭이 크게 둔화된 것인데, 참여정부가 취한 대출 억제와 함께 보유세 강화가 효력을 발휘한 때문으로 풀이된다. 특히 서울 강남(-1.0%) · 서초(-1.3%) · 송파(-2.4%) · 양천(-6.1%)구와 경기 분당(-7.3%), 평촌(-5.0%), 용인(-6.3%), 일산(-8.3%), 과천(-9.5%) 등 종부세 대상 부동산이 밀집한 지역의 공시가격이 하락한 것을 보면 종부세가 가격하락에 영향을 주었다고 강하게 추정할 수 있다. 그 결과로 2007년도 종부세 과세 대상자 중에서 1만 5,421가구가 올해 제외되었다.

셋째, 국토균형발전과 취약 지역의 복지 · 교육재정에 도움을 주고 있다. 종부세는 지자체의 재정상황과 복지, 교육수요를 감안하여 배분하고 있다. 한 예로 전라북도의 경우, 2007년도분 종부세를 소관 시군별로 약 100억 원씩 배정받아 모두 1,564억 원을 더 쓸 수 있게 되었다. 이는 전라북도 전체 자체수입의 16%에 해당할 정도로 큰 금액이다.

한편 이 의원이 30일 종부세법 개정안과 함께 제출한 지방교부세 개정안을 보면 강남에서 거둔 종부세 50%는 다시 강남으로 가져가겠다는 내용이 있는데 이는 국토균형발전을 저해하고 서울 더 나아가 강남일극체제를 공고화하려는 시도로밖에는 해석되지 않는다. 아마 이 의원은 종부세도 재산세처럼 지방세로 하는 것이 맞지만 일부 양보하겠으니 그중 절반은 돌려달라는 생각인 것 같은데 그럼 중앙정부가 강남에 국세로 구축한 인프라 비용도 정확히 계산해서 중앙정부에 납부하길 바란다.

::이 의원은 서초구민이 아닌 대한민국의 국회의원으로 거듭나길

대한민국 헌법 제46조 ②항을 보면 "국회의원은 국가이익을 우선하여 양심에 따라 직무를 행한다."라고 규정되어 있음을 알 수 있다. 헌법 어디에도 지역구의 이익을 국가의 이익보다 우선하라고 하고 있지 않다. 모름지기 대한민국의 국회의원이라면 국가의 이익과 지역구의 이익이 충돌할 때 국가의 이익을 우선할 줄 알아야 한다.

물론 이 의원은 이번의 이벤트를 통해 자신의 존재감을 서초구민들에게 확실히 심어줬을 것이다. 그녀의 정치적 장래, 적어도 국회의원으로서의 장래는 탄탄대로일 가능성이 높다. 그러나 지방자치가 고도로 구현되고 있는 지금의 대한민국에서 지역구민만을 위한 국회의원이란 또 얼마나 초라한 존재인가? 모쪼록 이 의원이 서초구민만이 아닌 대한민국 국민을 위한 국회의원으로 거듭 나길 기대해 본다.

미디어오늘
2008. 6. 1.

사리사욕에서 출발한 강만수의 종부세 혐오증

강만수 기획재정부 장관이 설화에 휘말렸다. 강 장관은 지난 3
일 한 케이블 TV에 출연해 1가구 1주택 장기보유자에 대해 종부
세, 양도세 완화 방침 등을 밝혔다가 언론이 이를 기사화하자 "다
나온 얘기고 특별한 내용이 없다."며 서둘러 진화에 나선 것이다.
비록 강 장관이 1가구 1주택 장기보유자에 대한 종부세, 양도세 완
화 방침 등을 밝혔다가 이를 재빨리 부인하는 모습을 보이긴 했지
만 시장에서는 강 장관의 부인을 액면 그대로 믿는 눈치가 아니다.

그도 그럴 것이 강 장관의 종부세 혐오증은 유명하기 때문이다.
그는 '질투의 경제학, 종합부동산세'라는 제목의 2004년 11월 7일
자 ≪한국경제신문≫ 칼럼에서 "강남에 눌러앉아 사는 사람들이
투기를 했나 가격을 올렸나? 이사하자니 무겁게 올린 양도소득세
가 무섭고, 눌러 살자니 종부세가 버거우니 어쩌란 말인가? 특정

지역 사람들을 못살게 구는 벼락 세금을 세금이라고 생각하나?"라고 쓴 바 있다.

그뿐이 아니다. 강 장관은 2008년 2월 27일 기획재정부 장관 내정자로서 국회 인사 청문회에 참석해서는 "부동산 시장이 안정되면 종합부동산세가 조세원칙에 맞는지에 대한 근본적인 검토가 필요하다."며 종부세에 대한 부정적인 인식을 드러냈다. 그 자리에서 그는 자신도 종부세 피해자라면서 "노무현 정부 시작할 때보다 (보유 중인) 아파트 가격이 3배 정도 뛰었다, 10년 동안 야인으로 있으면서 소득은 없는데 종부세만 냈다."며 종부세에 대한 사적인 감정까지 표출한 바 있다.

1세대 1주택 장기보유자에 대한 양도세 감면이 지난 3월의 소득세법 개정으로 이미 시행 중이므로, 강 장관의 발언이 종부세 완화를 의미한다는 점을 시장에서는 정확히 간파하고 있다. 설령 강 장관이 이를 강력히 부인한다고 해도 말이다.

:: 종부세는 부동산 정책의 오랜 숙제를 해결한 세금

주지하다시피 부동산 투기는 부동산의 소유 및 처분 시에 발생하는 불로소득 때문에 발생한다. 이 불로소득을 차단하지 않으면 부동산 투기를 막을 길이 없다. 보유세 강화 정책은 부동산 불로소득을 원천적으로 차단하는 효과를 갖고 있기 때문에 투기 근절을 위한 제도적 장치 가운데 매우 중요한 위치를 차지한다. 보유세만으로 부동산 문제를 해결할 수는 없지만 보유세 없이 부동산 문제를 해결할 길은 없다.

선진국의 부동산 세제는 보유세가 중심이고 거래세의 비중은 낮다. 그러나 우리나라의 부동산 세제는 보유세가 극히 낮고 거래세의 비중이 지나치게 높은 기형적인 구조를 갖고 있다. 보유세 강화 정책은 이처럼 기형적인 부동산 조세 구조를 정상화시킨다는 의미도 갖고 있다.

보유세의 정상화 및 강화는 우리나라 부동산 정책의 오래된 숙제였다. 우리 사회는 20여 년 전부터 보유세 강화를 사회적 목표로 삼아왔으나 번번이 좌절된 바 있다. 종합부동산세는 이 숙제를 해결하기 위해 2005년에 어렵게 도입한 국세이다. 이를 중심으로 해서 이제 막 첫걸음을 내디딘 보유세 강화 정책을 무력화시킨다면, 그것은 우리 사회가 애써 거둔 진보의 성과를 무산시키는 역사적 죄악이 될 것이다.

종부세를 중심으로 한 보유세 강화 정책을 후퇴시킨다면, 고가 부동산 가격이 다시 폭등할 가능성이 크다. 부동산 투기는 괴물과 같아서, 한 번 우리를 빠져나오면 도로 집어넣기가 너무 어렵다. 2004년 연말에 종부세의 내용을 후퇴시키고 난 다음 어떤 일이 벌어졌는지 기억할 필요가 있다. 정부, 여당이 이런 상황을 감당할 자신이 있는지 의심스럽다. 소위 '강부자' 내각으로 비난받는 이명박 정부가 부동산 부자들만을 위해 종부세를 후퇴시킨다면 미국산 쇠고기 수입으로 촉발된 국민들의 분노는 활화산처럼 타오를 것이 분명하다.

:: 강 장관은 경제수장답게 처신하라

사정이 이러함에도 불구하고 이명박 정부 출범 후 정부와 한나라 당은 종부세를 무력화시킬 방안을 줄기차게 검토하고 있다. 언론 보도에 의하면, 정부·여당은 1세대 1주택 장기 보유자에 대한 종부세 감면은 물론이고, 종부세 부과 기준의 상향 조정, 세대 합산의 폐지, 장기적으로 종부세를 폐지하고 재산세와 통합하는 방안 등을 검토하고 있다고 한다. 이 방안들은 모두 종부세 제도의 근간을 뒤흔드는 조치들이다. 위에서 열거한 방안 중 세대별 합산의 폐지 및 1주택자에 대한 종부세 면제 등은 이미 국회에 개정안이 제출된 상태다.

여당의원들이 지역구민들만의 이익에만 매몰돼 종부세를 후퇴시키려고 할 때 중심을 잡고 이를 제어해야 할 사람은 정부의 경제정책을 총괄하는 강만수 장관이다. 그러나 위에서 살핀 것처럼 강 장관은 오히려 여당의원들의 요구에 적극적으로 호응하는 모습을 보이고 있다.

이제라도 강만수 장관은 종부세가 부동산 시장 안정 및 국민경제에 기여하는 바를 분명히 깨달아 이를 지키려는 자세를 보여야 한다. 그것이 대한민국의 국민경제를 책임지는 경제수장이 해야 할 일이다. 만약 강 장관이 이런 충고를 무시하고 종부세 후퇴를 강행해 투기심리를 부추긴다면 이제 겨우 안정을 찾은 부동산 시장이 요동칠 것이고 가뜩이나 내우외환에 시달리고 있는 대한민국 경제는 파국을 맞을 가능성이 크다.

강 장관은 이미 외환위기의 주범 가운데 하나라는 오욕을 맛본 적이 있다. 강 장관이 정신을 바짝 차리지 않으면 부동산 투기에 불을 붙여 국민경제를 망친 주역이라는 오명이 추가될지도 모른다.
강만수 장관의 대오각성을 기대한다.

미디어오늘
2008. 7. 7.

신도시 추가건설과 재건축 규제 완화 등을 골자로 하는 8·21부동산 활성화 대책이 주로 건설사들을 위한 정책이라는 데 큰 이견은 없는 것 같다. 그렇지만 일각에서는 8·21대책에 종합부동산세 및 미시적 금융대책(LTV 및 DTI규제)의 근간을 흔드는 내용이 포함되지 않은 점에 대해서 다행으로 생각하는 분위기가 역력하다.

비록 이번 대책에 주택신축판매업자(시행사)가 건축해 소유한 미분양주택에 대해 종부세 비과세 기간을 현행 3년에서 5년으로 연장하고, 시공사가 주택신축판매업자로부터 대물변제로 받은 미분양주택에 대해서도 5년간 종부세를 비과세하며, 주택건설사업자(시공사)가 주택건설 목적으로 취득해 보유하는 토지에 대해서도 종부세를 비과세하기로 하는 등의 건설업체에 대한 종부세 완화 내용이 포함되어 있지만 말이다. 비수도권 지역의 매입임대주택 사업에 대한 세금혜택요건을 크게 완화한 대목이 있다.

확실히 8·21대책에 종부세 및 미시적 금융대책, 특히 종부세 무력화 방안이 포함되지 않은 건 예상 밖이었다. 불과 몇 주 전까지만 해도 한나라당에서는 주택분 종부세 부과 기준을 공시가격 기준 6억 원에서 9억 원으로 상향하고 세대별 합산 과세 방식을 인별로 전환하는 개정안을 강력히 추진했고, 정부도 적극적으로 반대하는 모양새는 아니었다. 때문에 8·21대책에 사실상 종부세를 폐지하다시피 하는 내용이 담길 것이라는 예측이 지배적이었다.

만약 청와대와 한나라당이 종부세 '개악'이 가져올 정치적, 경제적 후폭풍을 뒤늦게나마 인식해서 8·21대책에 종부세 개악안을 포함시키지 않았다면 천만다행한 일이다. 그러나 청와대가 과중한 부동산 세제의 개선을 계속 얘기하고 있고, 한나라당도 종부세법 개악을 단념하겠다는 의사를 표시한 적이 단 한 번도 없었다는 점을 감안하면 청와대와 한나라당이 다른 계산을 하고 있는 것이 아닌가 하는 의구심이 강하게 든다. 만약 청와대와 한나라당이 믿는 구석(?)이 있다면 헌법재판소일 가능성이 높다.

:: 종부세 운명, 헌재 결정에 달려 있어

종부세법에 대한 위헌 여부를 가리기 위한 헌법재판소의 공개변론이 오는 9월 18일 열릴 예정이다. 지난 2005년 말 과세기준이 되는 부동산 금액을 공시가격 기준 9억 원에서 6억 원으로 하향조정하고 과세 방법을 개인별 합산에서 세대별 합산으로 변경하는 것을 뼈대로 하는 종부세법 개정안이 통과되자 강남 주민들이 종부세 취소 소송을 내면서 위헌법률심판 제청 신청을 했다. 법원이 "종부세는 사유재산권 자체를 부인하거나 재산권 등 헌법상 보장된 기본권을 침해한다고 볼 수 없다."며 신청을 기각하자 청구인들이 이에 불복해 헌법재판소에 헌법소원 심판을 청구했는데 이 사건의 변론이 시작되는 것이다.

이번에 헌재에서 다뤄질 종부세법의 쟁점은 종부세 부과가 재산권·생존권·거주이전의 자유 등 기본권을 침해하는지 여부와 국세로서의 종부세가 지방재정 권한을 침해하는지 여부 등이라고 한다. 또 종부세 부과가 미(未)실현 이익에 대한 과세 또는 소급과세에 해당하는지, 1주택 보유자에 대해 예외 규정을 두지 않은 것이 평등원칙에 위배되는지 등도 쟁점이라 한다. 사실상 종부세의 거의 전 부문에 대해 위헌성을 다투는 셈이다. 한편 종부세의 세대별 합산과세에 대해 행정법원이 헌법재판소에 위헌법률심판을 제청한 바 있는데, 이 사건 역시 하반기에 결정될 가능성이 높다.

이쯤 되면 종부세의 운명이 헌법재판소의 결정에 달려 있는 것이나 다름없다. 청와대와 한나라당이 이를 모를 리 없다. 이미 한나라당은 앞장서서 종부세를 없애려고 시도했다가 여론의 호된 질타를 당했다. 청와대와 한나라당으로서는 헌법재판소가 종부세법의 일부분(예컨대 세대별 합산과세방식)에 대해 위헌 결정을 내려준다면 정치적 부담 없이 종부세법을 개악할 정당한 명분을 얻게 된다. 혹시 8·21대책에 종부세법 개악안이 포함되지 않은 건 청와대와 한나라당이 헌법재판소 결정에 대해 상당한 자신감을 가지고 있기 때문은 아닐까?

돌이켜 보면 종부세만큼 험난한 길을 걸어온 세금도 드물다. 태어날 때부터 '세금 폭탄' 혹은 '징벌적 과세'라는 뭇매를 맞았던 종부세는 이명박 정부가 들어서면서 백척간두의 위기를 맞고 있다. 청와대, 재정부, 한나라당, 조중동 등에 에워싸인 채 난타당하고 있는 종부세가 내년까지 존속할 수 있을까? 국민여론이 종부세의 수명을 결정할 것이다.

PRESSian

2008. 8. 25.

18일 헌법재판소에서 열리는 종합부동산세법 관련 헌법소원은 중대한 의미가 있다. 청와대와 한나라당, 정부가 똘똘 뭉쳐 종부세를 없애려고 혈안이 된 상태에서 대한민국 최고 사법기관이 종부세법의 위헌성에 대해 본격적으로 판단하는 자리이기 때문이다.

이번 공개변론에서는 △종부세가 재산권과 생존권, 거주이전의 자유 등을 침해하는지 여부 △국세로서의 종부세가 지방재정권을 침해하는지 여부 △종부세 부과가 미실현이득에 대한 과세 및 소급과세에 해당하는지 여부 △1주택 보유자에 대해 예외 규정을 두지 않은 것이 평등원칙에 위배되는지 등을 다툴 예정이다.

만약 헌법재판소가 위에서 적시된 쟁점 가운데 일부분이라도 위헌 결정이나 헌법불합치 결정을 내린다면 종부세는 큰 손상을 입을 것이 자명하다. 그동안 서울행정법원은 몇 차례의 판결을 통해 위의 헌법소원이 다투고 있는 종부세법의 위헌성을 일관되게 부인해 왔다. 다시 한 번 공개변론에서 쟁점이 되고 있는 사안들에 대해 법원이 어떻게 판단했는지 일일이 살펴보기로 하자.

1. 종부세가 재산권과 생존권, 거주이전의 자유 등을 침해하는지 여부

서울행정법원은 2006구합 30546(2007년 6월 8일 선고)사건에서 "주택에 대한 종합부동산세가 사유재산권 자체를 전면적으로 부정하거나 짧은 기간 내에 재산을 무상으로 몰수하는 정도로 과도해 재산권의 본질적인 내용을 침해한다고 보기 어렵다."고 판시했다. 종부세가 재산권의 본질적 내용을 침해한다는 주장을 받아들이지 않은 것이다.

또 재판부는 "구 종부세법의 주택에 대한 종합부동산세율이 지나치게 높다거나 종합부동산세를 내기 위하여 살던 집을 팔아야 할 정도라고도 보이지 아니하며…… 사실상 일부 납세자에게 부과대상 부동산의 처분을 강요하는 결과가 되어 그들의 거주이전의 자유 등이 사실상 제한당할 여지가 있다 하더라도 이는 …… 직접적인 침해가 아니라 토지 및 주택 재산권에 대한 제한이 수반되는 반사적 불이익에 불과하고(헌법재판소. 1999. 4. 29. 선고. 94헌바37외66건(병합). 결정 취지 참조), 기본권의 침해가 있다고 하더라도 구 종부세법의 입법목적과 헌법 제35조 제3항 등의 규정에 비추어 볼 때 그 규제의 합리성 또한 인정되므로, 종합부동산세가 거주이전의 자유를 침해한다고도 보지 아니한다."고 판시해, 거주이전의 자유를 침해하지 않는다고 판단하고 있다.

아울러 법원이 판단한 것은 아니지만, 종부세의 실효세율이 2009년도에 이르러 0.89%(현재 과표적용률이 동결됐고 세부담 상한선도 150%로 줄었기 때문에 이를 달성하는 것은 현시점에서 불가능하다)에 달하도록 설계된 점, 사용·수익·처분권의 본질적 내용을 침해하지 않는다는 점 등을 감안할 때 종부세가 생존권을 침해한다는 주장은 어불성설이라 할 것이다.

2. 국세로서의 종부세가 지방재정권을 침해하는지 여부

재판부는 "종합부동산세를 국세로 할 것인지 아니면 지방세로 할 것인지 여부는 당해 조세의 과세목적에 따라 입법정책적으로 판단할 성질의 것이므로 종합부동산세를 반드시 지방세로 해야 할 이유는 없으며, 기존의 지방세인 재산세는 그대로 둔 채 일정한 가액을 초과하는 부분에 대해서 별도로 세목을 신설한 것이고, 구 종부세의 입법 목적 등에 비추어 볼 때, 구 종부세법이 불합리하고 자치권의 본질을 훼손하여 헌법이 보장하는 지방자치단체의 재정자치권을 침해한다고 보기 어렵다."고 판시해 국세로서의 종부세가 지방재정권을 침해한다는 주장을 일축했다.

3. 종부세 부과가 미실현 이득에 대한 과세 및 소급과세에 해당하는지 여부

재판부는 "구 종합부동산세법(2005. 12. 31. 법률 제7836호로 개정되기 전의 것)상의 종합부동산세는 일정한 가액 이상의 부동산을 보유하는 데에 그 담세력을 인정하여 부과하는 조세이고 부동산 가액을 과세표준으로 하고 있어 부동산의 소유 자체를 과세요건으로 하는 것이므로 그 기본적인 성격은 재산세와 마찬가지로 보유세이다. 따라서 종합부동산세는 과세대상 부동산의 미실현 이득(가격상승분 또는 자산의 증가분)에 대하여 과세하는 것이 아니라 당해 부동산의 가액 전체 중 일정가액을 초과하는 부분에 대하여 과세하는 것으로 미실현 이득이 없거나 오히려 가격이 하락하여도 일정가액을 초과하는 경우 계속 부과되는 것이므로, 종합부동산세의 부과가 미실현 이득에 대한 과세로서 위헌이라고 볼 수 없다.", "종합부동산세는 구 종부세법 시행 이후에 최초로 납세의무가 성립되는 경우에 대하여만 적용될 뿐, 구 종부세법으로 과거에 소급하여 과세하거나 또는 중과세하는 것이 아니므로 이를 가리켜 재산권을 박탈하는 소급입법이라고 할 수 없다."고 각각 판시해 미실현 이득에 대한 과세의 위헌성 및 소급입법 주장을 기각한 바 있다.

4. 1주택 보유자에 대해 예외 규정을 두지 않은 것이 평등원칙에 위배되는지 여부

서울행정법원은 "부동산가액 상승에 원인을 제공하지 않은 1가구 1주택 소유자에 대하여 단지 고액 부동산을 소유하고 있다는 이유만으로 종합부동산세를 중과세하는 것은 부동산 가격을 안정시키겠다는 정책 목적과 정책 수단 간의 비례의 원칙에 맞지 않는다."는 주장에 대해 "조세법규에 어떠한 내용으로 규정할 것인지에 관하여는 입법자가 국가재정, 사회경제, 국민소득, 국민생활 등의 실태에 관하여 정확한 자료를 기초로 하여 정책적, 기술적인 판단에 의하여 정하여야 하는 문제로서 이는 입법자의 입법형성적 재량에 기초한 경제적·기술적 판단에 맡겨져 있는 것으로 차입 자금으로 부동산을 취득한 사람과 자기자금만으로 부동산을 취득한 사람 간의 담세력의 차이를 고려하지 않고 '일정한 가액(9억 원, 구 종부세법상의 주택)' 이상의 부동산 보유자에 대하여 종합부동산세를 납부하도록 한 것이 부동산 소유자 사이에 균형과 비례의 원칙에 맞지 않는다거나 담세능력과 과세처분 간의 비례의 원칙에 맞지 않는다고 보기도 어렵다."고 판시한 바 있다.

물론 이 판시가 평등원칙에 그대로 적용될 수 있는지에 대해서는 해석의 여지가 있다. 하지만 우리 헌법이 지향하는 평등이 절대적 평등이 아닌 상대적 평등이라는 점, 합리적인 차별이 허용된다는 점 등을 감안할 때 위의 판시는 중요한 시사점이 될 수 있다. 또 서울행정법원 2007구합 9082(2007년 8월 14일 선고)사건에서도 재판부는 종부세가 땅을 팔아 거둔 수익이 아닌 '미실현 이익'에 대한 과세여서 실질과세 원칙에 어긋나며 양도세와 더불어 이중과세인 데다 지방자치제도 및 주거이전의 자유를 침해하는 등 위헌적이라는 원고의 주장에 대해서도 받아들이지 않았다. 재판부는 "헌법은 입법권자에게 부동산 가격 안정과 국민경제의 발전, 토지공급의 제한성 등을 두루 감안해 토지재산권에 대해 광범위한 재량을 부여했고 이에 따라 종부세가 마련됐다."면서 "이 세금은 일정 가액 이상의 부동산 보유 자체에 담세력을 인정해 부과되는 것이므로 원고 측 주장은 여러모로 이유 없다."고 지적했다.

이처럼 그간 종부세에 대한 행정법원의 판결은 기본적으로 "정부가 부동산 시장 안정과 형평성 달성이라는 정책목적 달성을 위해 입안한 종부세는 합당하다."는 취지이다. 즉 재판부는 "종부세가 응능부담(應能負擔)의 원칙에 부응하는 조세를 부담하게 함으로써 소득불균형 현상의 해소에 기여하고 부동산투기를 억제하며, 토지보유 구성비율의 변화를 도모하는 한편, 입법 당시까지는 보유세는 저율인 반면 거래세는 고율이었던 조세왜곡현상을 시정하는 데 그 목적이 있다."고 보면서, 미실현 이득에 대한 과세 여부, 이중과세 여부, 과잉금지의 원칙 위반 여부, 재산권의 본질적 내용 침해 여부, 평등의 원칙 위반 여부 등에 대해 모두 위헌이 아니라고 판시한 것이다.

::헌재의 현명한 결정을 기대한다

위에서 조목조목 살펴본 것처럼 종부세법의 위헌성을 다투는 헌법소원은 부당한 것으로 기각돼야 마땅하다. 한국사회의 고질인 부동산 문제의 근본적 해결과 부동산 시장 정상화를 위해서는 종부세의 존재가 필수적이라는 사실을 잘 알고 있을 헌법재판관들이 종부세를 무력화시킬 결정을 내리지는 않을 것이다.

오히려 헌법재판소로서는 종부세에 대한 헌법소원 사건이 경제문제에 대해 지극히 보수적인 결정을 해 왔다는 세간의 평판을 불식시킬 좋은 기회인 셈이다. 헌법재판소가 종부세법 관련 헌법소원을 기각시켜 헌법적 가치의 수호기관으로서의 위상을 대내외에 천명하길 기대한다.

그럴 리야 없겠지만 만약 헌법재판소가 종부세법의 입법취지에는 전체적으로 동의하면서 각론에 숨겨진 문제점이나 기술적인 문제점들을 들어 종부세법에 관한 헌법소원을 인용하는 결정을 내린다면, 헌법재판소가 수호하려는 헌법적 가치는 전체 대한민국 국민들을 위한 것이 아니라 2%의 부동산 부자들만을 위한 것임을 헌법재판소 스스로 고백하는 결과가 될 것이다.

PRESSian

2008. 9. 17.

MB정부, 종부세 완화에 목숨 거는 이유는?

마침내 이명박 정부가 종합부동산세를 떠받치고 있는 기둥 전부를 뽑고 말았다. 정부와 한나라당이 종부세 과세기준을 현행 6억원에서 9억 원으로 상향조정하고, 종부세율을 기존 1~3%에서 0.5~1% 수준으로 대폭 낮추며, 고령자에게는 세금을 10~30% 경감해 주는 종부세법 개정안을 22일 마련했다. 또 사업용 토지에 부과되는 종부세의 감면 대상도 대폭 확대하기로 했다고 한다.

이번 대책으로 종부세는 사실상 형해화되고 말았다. 만약 헌재에서 세대별 합산 과세방식에 대해 위헌이나 헌법불합치 결정을 한다면 종부세는 깨끗이 사라지는 셈이다. 정부와 여당이 이번 종부세법 개편안에 세대별 합산 과세방식을 인별로 전환하는 내용을 포함시키지 않은 것을 보면 연말에 있을 헌재의 결정에 대해 상당한 자신감을 가지고 있는 것으로 보인다.

::종부세는 태어나지 말았어야 할 세금인가

당장 주택분 종부세 부과기준이 6억 원에서 9억 원으로 상향되면 과세대상의 약 60%(2007년도 주택분 종부세 과세대상 기준)가까이 면세된다. 게다가 9억 원 이상의 주택을 소유한 자들도 세율이 대폭 낮아지고 세부담 상한선이 300%에서 150%로 줄어드는데다 과표적용률도 80%로 동결돼 납부액이 과거와는 비교할 수 없을 만큼 줄어들게 든다.

당·정·청의 종부세 죽이기는 어제오늘의 일이 아니다. 지난 8·21부동산 활성화대책 및 9·1세제개편안에도 종부세를 약화시키는 정책들이 다수 포함돼 있었다. 주택건설업자 취득 토지 종부세 비과세, 시행사가 소유한 미분양주택에 대한 종부세 비과세 기간을 3년에서 5년으로 연장, 시공사가 대물변제로 받은 미분양 주택 5년간 비과세, 종부세 과표적용율 인상속도 조정(80% 동결), 2010년부터 종부세의 부가세(surtax)인 농어촌특별세 폐지 등이 바로 그것이다. 이처럼 서서히 종부세의 약화를 도모하던 당·정·청이 종부세의 근간을 무너뜨리려고 나선 것이 이번 종부세 개편안이라고 평가할 수 있다.

그렇다면 과연 종부세는 조중동이나 한나라당이 말하는 것처럼 세금폭탄이고 태어나지 말았어야 할 세금이며 부동산 시장 안정에 도움이 되지 않는 세금인가? 아니다. 아니다. 결코 아니다.

먼저 세금폭탄이라는 오해에 대해, 종부세(주택분)는 대한민국 전체 세대 가운데 불과 2%의 부동산 부자들이 내는 세금이며 실효세율도 6억 원(공시가격 기준)이 0.26%, 7억 원이 0.34%, 8억 원이 0.40%, 9억 원이 0.45%, 10억 원이 0.52%에 불과하다. 공시가격 기준으로 25억 원이 돼야 실효세율이 1%가 된다.

대한민국의 보유세가 선진국 가운데 가장 낮은 수준이라는 건 상식에 속한다. 국내총생산(GDP) 대비 보유세 비중이나 조세 대비 보유세 비중을 보면 이 같은 사실이 분명해진다. 2006년 기준으로 국내총생산(GDP) 대비 보유세 비중은 대한민국이 0.8%인 데 반해 미국은 3.1%, 영국은 3.3% 정도였다. 한편 2006년 기준으로 조세에서 보유세가 차지하는 비중이 대한민국은 3.8%인 데 비해 미국은 12%, 영국도 9% 정도로 우리보다 훨씬 높다.

다음 종부세가 부동산 시장 안정에 도움이 되지 않았나 살펴보자. 종부세(보유세)는 보유비용 효과 또는 자본화 효과를 통해 투기수요를 억제하는 효과를 발휘한다. 최근 버블세븐 지역의 부동산 가격이 하락하고, 그 결과로 2007년 종부세 과세 대상자 가운데 1만 5,421가구가 제외된 것은 종부세의 투기수요 억제 효과를 잘 보여준다 하겠다.

마지막으로 종부세는 국토 균형발전과 취약 지역의 복지·교육을 위한 재정에도 큰 도움을 주고 있다. 일례로 전라북도의 경우, 2007년도 분(分) 종부세를 소관 시군별로 약 100억 원씩 배정받아 총 1,564억 원을 더 쓸 수 있게 되었다. 이는 전라북도 전체 자체 수입의 16%에 해당하는 큰 금액이다.

:: 공급확대와 세제후퇴는 정책 패키지

이처럼 긍정적인 기능을 발휘하고 있는 종부세를 당·정·청이 하나가 되어 없애려고 혈안이 된 이유는 도대체 무엇일까?

경제적인 측면에서 보면 종부세의 사실상 폐지로 상징되는 세제완화는 주택공급확대정책과 하나의 정책 패키지로 보는 것이 옳다. 건설경기 부양을 통해 경제를 활성화시키려는 의도를 분명히 하고 있는 이명박 정부가 추진하고 있는 대규모 주택공급은 누군가가 주택을 매수해 줘야 한시적으로라도 유지될 수 있다. 중산층과 서민들의 구매력이 바닥난 지금 신규로 공급되는 주택을 매수할 여력이 있는 계층은 고소득자 및 자산가들뿐이다. 종부세 형해화로 대표되는 부동산 세제 후퇴는 바로 이들이 신규 주택을 매수하도록 유인을 제공하는 것이다. 결국 공급확대정책과 세제완화정책은 동일한 맥락의 정책 꾸러미라고 보는 것이 적확하다.

정치적인 측면에서는 대규모 건설사업의 추진과 세제완화를 통해 핵심적 지지층의 결속을 도모한다고 보아야 할 것이다. 지지율이 답보상태에 머물고 있는 이 대통령이 취할 수 있는 정책적 옵션은 지지층의 외연을 넓히는 것과 핵심지지층의 결속을 다지는 것이 있을 터인데 일련의 부동산 대책을 보면 이 대통령은 후자를 택한 것으로 보인다.

::MB 임기 안에 부동산 대란이 일어날 가능성 높아

미국의 월가를 아비규환으로 몰아넣은 금융공황의 직접적인 원인은 파생금융상품, 그중에서도 서브프라임 모기지론의 부실화 때문이었다. 서브프라임 모기지론의 배후에는 부동산 버블의 팽창과 붕괴가 도사리고 있다. 다행히 대한민국의 부동산 시장은 전임정권의 선제적 부동산 시장 안정화 조치로 인해 세계적인 부동산 버블 붕괴로부터 한 발짝 벗어난 상태다.

문제는 이명박 정부가 전 세계적 부동산 버블의 팽창과 붕괴가 야기하고 있는 가공할 결과를 목도하면서도 아무런 교훈도 얻지 못하고 있다는 사실이다. 그렇지 않고서야 지금과 같은 상황에서 어찌 감히 부동산을 통해 경기를 부양할 생각을 할 수 있겠는가?

현 정부가 추진하고 있는 부동산 시장 활성화 대책 앞에는 두 개의 길이 놓여 있다. 쏟아지는 공급물량을 수요가 받아주지 못해 부동산 가격이 급락하고 이로 인해 금융시스템에도 치명적인 위험이 발생하는 것이 하나이고, 대내외적 경제조건과 거시적 경제지표들이 호전돼 부동산 투기가 재연될 가능성이 다른 하나다. 두 개의 길 가운데 어떤 것이건 국민경제에 회복하기 힘든 타격을 미칠 것이 분명하다.

위험이 가시화되는 데에는 그리 긴 시간이 걸리지 않을 것이다. 이 대통령의 임기는 아직 4년도 넘게 남아 있다. 이 대통령은 부동산 투기의 특효약이라 할 수 있는 종부세를 사실상 없앰으로써 부동산 대란으로 가는 판도라의 상자를 연 것이다.

PRESSian

2008. 9. 23.

종부세 폐지가 불러올 3가지 부작용

종합부동산세가 태어난 지 불과 3년 만에 짧은 생을 마감할 절체절명의 위기에 처했다. '세금폭탄' 혹은 '징벌적 과세'라는 누명을 쓰고 지내온 것도 억울한데 이제는 아예 역사의 한편으로 퇴장할 상황이 된 것이다. 종부세의 사실상 폐지가 가져올 부작용은 참으로 많지만 그중에서 대표적인 것 세 가지만 소개할까 한다.

첫째, 부동산 불패 신화를 공고히 만든다

대한민국의 고질 가운데 대표적인 것이 부동산 문제임은 긴 설명이 필요치 않을 것이다. 부동산 문제는 가깝게는 자산양극화, 근로의욕 저하, 소비위축 등의 부작용을 수반하고 멀게는 국가경쟁력을 저하시킨다. 부동산 문제를 해결하지 않고 대한민국이 선진국이 될 방법은 전혀 없다고 해도 과언이 아니다.

부동산 문제는 무엇보다 부동산의 소유 및 처분 시에 발생하는 불로소득에서 생긴다. 만약 부동산의 소유 및 처분 시에 발생하는 불로소득을 사적으로 전유할 수 없다면 합리적인 사람이라면 누구나 부동산을 투기목적으로 과다하게 보유하지 않을 것이다. 따라서 부동산 문제를 근본적으로 해결하기 위해서는 부동산의 소유 및 처분 시에 발생하는 불로소득을 차단하거나 환수하는 것이 필수적이며 이를 위한 최적의 정책수단이 바로 보유세(그중에서도 토지보유세)이다. 종부세는 한국적 특수성이 반영된 보유세인 것이다.

부동산 문제가 보유세만으로 해결되는 것은 아니지만 보유세 없이 부동산 문제를 해결하겠다는 것은 공염불에 불과하며 수다한 부작용을 수반할 수밖에 없다. 공급정책이나 주거복지정책, 미시적 금융정책 등도 보유세와 함께 집행되어야 소기의 목적을 달성할 수 있다. 역대 정권들도 보유세가 부동산 문제 해결에 핵심적인 장치라는 점을 인식하고 있었기에 보유세를 현실화시키려고 시도했다가 기득권층의 반발로 그만두곤 했다. 종부세라는 이름으로 보유세가 안착된 것은 참여정부가 처음이었다.

참여정부가 간난신고 끝에 겨우 정착시킨 종부세를 이명박 정부는 너무나 쉽게 백지화하려고 하고 있다. 정부가 사용할 수 있는 부동산 대책 가운데 보유세 현실화보다 더 강력하고 효과적인 정책도 달리 찾기 어렵다. 단, 전제조건이 있는데 보유세가 정권의 성격과는 무관하게 장기지속될 것이라는 시장참여자들의 믿음이 있어야 한다. 그러나 이명박 정부는 참여정부가 헌법보다 바꾸기 어려운 법이라며 만든 종부세법을 사실상 폐지함으로써 보유세가 장기지속될 수 없음을 시장참여자들이 확신케 만들었다.

향후 대외 경제여건과 거시지표들이 좋아져 지금은 위축된 부동산 투기 심리가 다시 살아난다고 가정할 때 이명박 정부는 어떤 정책수단으로 부동산 시장을 안정시킬 것인지 정녕 궁금하다. 그때도 공급을 늘리면 된다고 말할 셈인가? 이론상 투기적 가수요는 순식간에 무한대로 팽창이 가능하기 때문에 공급을 통해 이를 진정시킨다는 것은 불가능하다. 다시 보유세를 강화하겠다고 발표한다 하더라도 시장참여자들이 이를 신뢰할까? 오히려 시장참여자들은 부동산 시장 상황이 안정되면 언제라도 다시 정부가 보유세를 후퇴시킬 것이라고 생각할 것이다.

현 정부는 종부세를 사실상 없앰으로써 실마리를 찾아가던 부동산 문제를 미궁 속으로 밀어 넣는 어리석음을 저질렀다. 스스로는 인식하지 못하겠지만 정부는 국민들에게 부동산 불패신화를 학습시킨 교사 역할을 충실히 한 것이다. 가뜩이나 단단한 부동산 불패신화는 이제 철옹성으로 변할 것이다.

둘째, 조세정의의 근간을 허문다

조세정의를 어떤 기준으로 규정할지에 대해서는 논의가 분분하지만 시장경제 아래서 노력소득에 감세하고 불로소득에 과세하는 것이 조세정의에 반한다고 생각하는 사람은 많지 않을 것이다. 주지하다시피 부동산 불로소득은 가장 악성의 불로소득이다. 기여 및 폐단의 정도, 불로소득을 얻을 기회의 균등성, 무책손실의 정도를 기준으로 볼 때 부동산 불로소득이 다른 불로소득에 비해 가장 악성임이 분명하다.

종부세(보유세)는 부동산 불로소득을 환수해 조세정의를 실현하는 수단이었다. 이명박 정부는 이를 형해화시킴으로써 조세정의의 근간을 완전히 허물었다. 선의의 피해자 운운하지만 종부세 무력화는 국가가 부동산 불로소득을 보장하고 부동산 투기를 권장하겠다는 의미 그 이상도 이하도 아니다. 부동산 불로소득을 감면하면서 국민들의 노력소득에 과세하겠다는 용감한 말을 어떻게 감히 할 수 있는지 모르겠다. 고작 이런 것이 이명박 정부가 표방하는 선진화인가?

셋째, 강부자만을 위한 대한민국이 된다

대통령과 정부, 여당은 국민통합에 힘을 써야 한다. 그러나 현 정부는 출범 초부터 내각 및 청와대 인사 등을 통해 '강부자(강남 땅부자) 정권'이라는 비판을 받더니 이제는 아예 대놓고 대한민국 2% 부동산 부자들을 위한 종부세 폐지를 밀어붙이고 있다. 청와대와 당정은 종부세 폐지를 잘못된 조세체계를 바로잡는 것이라고 강변하고 있지만 종부세 완화에 반대하는 국민여론이 83%에 달하는 것에서 잘 드러난 것처럼 국민들은 종부세 폐지가 강부자만을 위한 것임을 정확히 간파하고 있다.

한편 정부는 종부세를 사실상 폐지함에 따라 발생할 세수 부족분 2조 2,000억 원을 재산세 인상을 통해 보전한다는 발표를 했다가 여론의 뭇매를 맞고 주춤한 상태이다. 설령 재산세를 인상해 종부세 감세로 인한 세수부족분을 메우지 않는다 해도 다른 명목의 목적세를 신설해 이를 충당할 것이고 이는 고스란히 중산층과 서민들에게 전가될 것이 자명하다. 한마디로 중산층과 서민들이 대한민국 2% 부자들을 위해 불우이웃돕기를 하는 셈이다. 그런데 언제부터 대한민국 2%의 부동산 부자들이 불우이웃이 됐는지 모르겠다.

외환위기 이후 심화된 양극화는 자산양극화에 기인한 바가 컸고 그중에서도 부동산 소유의 편중에 연유한 바 컸다. 종부세는 이런 부동산 소유 편중도를 교정하는 데도 일조를 하고 있었는데 이명박 정부가 종부세를 폐지함으로써 부동산 소유의 양극화 더 나아가 자산양극화가 심화될 가능성이 훨씬 커졌다. 이처럼 종부세 폐지는 이명박 정부가 강부자만을 위한 정부임을 대내외에 천명한 상징적 사건이다.

위에서 살핀 것처럼 종부세의 사실상 폐지는 대한민국을 과거의 부동산 투기 공화국으로 회귀시키고 부동산 특권층을 위한 나라로 재편하는 효과를 낳게 될 것이다. 부동산 부자들만을 위해 좌고우면하지 않고 종부세 폐지에 골몰하고 있는 이명박 정부를 보고 있노라면 대한민국의 앞날이 어찌될지 한숨이 절로 나온다. 희망은 정녕 어디에 있단 말인가?

PRESSian

2008. 9. 25.

종부세는 분노의 세금 아닌 '정의로운 세금'

한나라당 전여옥 의원이 자신의 블로그에 '세금의 정신을 훼손하는 종부세'라는 제목의 글을 써 종합부동산세(종부세)를 비판한 모양이다. 전 의원은 이 칼럼에서 종합부동산세가 "노무현 정권에서 재산세가 있는데도 불구하고 '있는 사람'들에게 세금을 더 물리기 위해 만든 '분노의 세금'이고 '조세 정의를 훼손'하고 있으며 선동으로 특정 계급에 대한 분노와 증오를 키우는 세금 제도"라고 주장했다.

또한 전 의원은 "종부세 폐지가 1%니 2%니 하는 부자들을 위한 것이라고 주장하는데, 부자만을 위하고 서민에게 고통을 주느냐?"면서 "언제까지 계급 논리에 함몰돼 획일적 평등주의로 여론몰이를 해야 하느냐?"고 반문했다. 전 의원은 "종부세를 오로지 이념 논쟁, 정치적 싸움으로 몰고 가는 선동과 포퓰리즘은 우리 모두가 경계해야 한다."고 강조했다.

전 의원이 종부세를 '특정계급에 대한 분노와 증오로 만들어진 세금'이라고 생각하는 건 전 의원 개인의 자유다. 그러나 전 의원이 그렇게 생각하는 것과 그 생각을 공표해 다른 사람들의 생각에 영향을 미치는 건 다른 차원의 문제다. 혹여 전 의원의 글을 읽고 종부세를 오해할 분들이 계실까 싶어 짧게 종부세를 변호하고자 한다.

::종부세는 분노의 세금이 아닌 정의의 세금

전 의원은 종부세를 '특정계급에 대한 분노와 증오로 인해 만들어진 세금'이라고 규정하고 있다. 기실 전 의원을 비롯한 많은 사람의 비판으로 종부세는 태어날 때부터 '징벌적 과세' 혹은 '강남 죽이기'라는 오명을 들어야 했다. 과세 대상이 고가부동산을 소유한 사람들 위주이다 보니 이런 오해를 산 것이다.

종부세를 설계한 참여정부는 보유세 현실화라는 오래된 국정과제를 달성하기 위해 먼저 고가부동산 소유자를 과세대상자로 정해 보유세 제도를 정착시킨 후 차츰 종부세 과세 대상 이외의 부동산 소유자들에게도 보유세 부담을 늘리려고 했다.

종부세 과세대상자들의 경우, 내년까지 보유세 실효세율을 0.89%로 올리고 종부세 과세대상 이외의 자들에게는 오는 2017년까지 0.61%로 보유세를 높이겠다는 계획이 그것이다. 조세저항 혹은 조세마찰을 우려해 종부세 과세대상을 지나치게 한정한 것은 참여정부의 잘못이라고 할 수도 있겠지만 보유세의 제도화라는 긴절한 정책목표를 달성하기 위한 고육책으로 생각한다면 이해 못할 바도 아니다.

전 의원이 속한 한나라당에 의해 곧 사라질 운명에 처한 종부세지만 이 세금이 길지 않은 세월 동안 한 일은 자못 놀랍다. 먼저 종부세(보유세)는 보유비용 효과 또는 자본화 효과를 통해 투기수요를 억제하는 효과를 발휘했다.

최근 버블세븐 지역의 부동산 가격이 하락하고, 그 결과로 지난해 종부세 과세 대상자 가운데 1만 5,421가구가 제외된 것은 종부세의 투기수요 억제 효과를 잘 보여준다 하겠다. 기실 지난해 말 이후부터 안정되기 시작한 부동산 시장은 종부세와 부동산 담보대출 관리의 시너지 효과에 힘입었다는 게 정당한 평가일 것이다.

또한 종부세는 국토 균형발전과 취약 지역의 복지·교육을 위한 재정에 큰 도움을 주었다. 일례로 전라북도의 경우, 작년도 분(分) 종부세를 소관 시군별로 약 100억 원씩 배정받아 총 1,564억 원을 더 쓸 수 있게 되었다. 이는 전라북도 전체 자체수입의 16%에 해당하는 큰 금액이다. 중앙정부로부터 가장 큰 수혜를 입은 버블세븐 지역에서 부동산 불로소득을 환수해서 낙후된 지역에 교부금으로 나눠주는 것이 바로 전여옥 의원이 소리 높여 외치는 조세정의의 구체적 실천이고 국가균형발전의 첫걸음이 아니겠는가?

한마디로 종부세는 숱한 저주와 비난에도 불구하고 투기적 가수요 억제 및 부동산 불로소득 환수라는 자신의 역할을 꿋꿋하게 해왔다. 이런 종부세를 두고 특정계급에 대한 분노와 증오로 만들어진 세금이라고 폄하하는 것이 온당한 태도인지 전 의원에게 묻고 싶다.

전 의원이 종부세를 제대로 비판하려 했다면 종부세의 설계상의 난점을 지적하면서 종부세를 보유세의 본령에 부합하도록 토지보유세 위주로 바꾸고 지가가 아닌 지대를 과표로 삼고 과세기준을 대폭 낮추고 누진세가 아닌 비례세 위주로 가자고 했어야 했다.

그러나 전 의원은 종부세가 지닌 설계상의 몇몇 난점을 지나치게 부각시켜 종부세를 '세금의 정신을 훼손한 세금'으로 매도하기에 급급한 모습을 보였다. 특정계급이 아닌 국민 전체의 이익을 대변해야 할 국회의원으로서는 실망스런 태도가 아닐 수 없다.

::이념논쟁 혹은 포퓰리즘을 즐기는 건 MB정부

한편 전 의원은 "종부세 폐지가 1%니 2%니 하는 부자들을 위한 것이라고 주장하는데, 부자만을 위하고 서민에게 고통을 주느냐?"고 묻고 있는데 그걸 몰라서 묻는지 모르겠다. 종부세가 정부와 한나라당의 안대로 통과되면 3년간 2조 2,300억 원의 세수결손이 발생하게 된다. 지금은 수면 아래로 들어갔지만 정부에서 종부세 감세로 인한 세수결손분을 재산세 인상으로 보전하겠다는 발표를 했던 사실을 전 의원은 정녕 모른다는 말인가? 설사 정부가 재산세를 인상하지 않더라도 줄어든 종부세를 보전할 다른 명목의 목적세를 신설할 가능성이 높고 이는 고스란히 중산층과 서민에게 전가될 것이다.

더 염려되는 것은 투기 억제 및 부동산 불로소득 환수의 핵심 장치라 할 종부세를 사실상 폐지함에 따라 경제 여건만 좋아진다면 부동산 투기가 재연될 가능성이 매우 높아졌다는 사실이다. 부동산 투기로 인해 가장 큰 피해를 입는 것이 대다수의 중산층과 서민들임은 긴 설명이 필요치 않을 것이다.

또한 전 의원은 "종부세를 오로지 이념 논쟁, 정치적 싸움으로 몰고 가는 선동과 포퓰리즘은 우리 모두가 경계해야 한다."고 강조하고 있는데 이런 소리는 바로 MB정부와 한나라당이 들어야 한다. 부동산 투기를 억제하고 불로소득을 환수해 건강한 시장경제를 만드는 데 기여하고 있는 종부세를 '세금폭탄'이니 '좌파정책'이니 하면서 폐지 선동을 이끄는 게 바로 MB정부와 한나라당이기 때문이다.

::전여옥 의원에게 바란다

전여옥 의원이 위에 쓴 글 가운데 옳은 소리도 물론 있다. "가진 자들은 사회적 책무를 더 엄격하게 실행해야 합니다. 세금에 대해 경건한 납세의무를 완수해야 합니다. 그리고 공적 나눔 — 세금과 더불어 사적인 나눔 — 기부를 더 적극적으로 해야 할 것입니다. 그래서 부자가 존경받고 사랑받는 사회를 만들어야 합니다."라는 말이 바로 그것이다.

사실 대한민국 국민의 대부분을 구성하는 중산층과 서민들은 부자들에게 '기부'까지는 바라지도 않는다. 다만 그리 많지도 않은 세금을 부자들이 기쁜 마음으로 내길 바랄 뿐이다. 예컨대 종부세 같은 것이 좋은 예다. 대한민국 2%의 부동산 부자들이 솔선수범해서 종부세를 기꺼이 납부한다면 그때 비로소 부자들도 존경받고 사랑받을 수 있을 것이다.

따라서 지금 전여옥 의원이 할 일은 종부세를 매도할 것이 아니라 종부세 폐지에 매진하고 있는 청와대와 정부, 한나라당을 설득해 종부세 폐지를 단념시키고 더 나아가 종부세 폐지를 학수고대하고 있는 부동산 부자들을 상대로 종부세의 필요성을 설파하는 것이다. 전여옥 의원의 활약을 기대한다.

PRESSian
2008. 9. 29.

"헌재를 궁지에 몬 것은 '강만수의 입'이 아니다"

종합부동산세 위헌 여부의 결정을 앞둔 헌법재판소가 곤혹스러운 처지에 빠졌다. 강만수 기획재정부 장관의 '헌재 접촉' 발언으로 헌재의 정치적 독립성과 중립성에 심대한 흠결이 발생한 것이다. 헌재가 비록 "(기획재정부 세제실장 등의) 방문 당시 재판 결과와 내용에 대해 이야기를 나눈 바 없고 주심재판관에게 보고된 바도 없다."며 의혹을 일축했지만 국민들은 의혹의 눈길을 거두지 않고 있다.

:: 헌재의 부적절한 처신

헌재 입장에서는 강 장관의 입이 원망스러울 수도 있고, 헌재의 정치적 중립성을 의심하는 국민들이 야속할 수도 있을 것이다. 그러나 지금의 사태는 헌재 스스로 자초한 바 크다. 만약 헌재가 헌법의 정신과 헌법재판소법의 본령에 보다 충실했다면 발생하지 않을 일이었기 때문이다. 설령 기획재정부가 종부세 관련 기존 입장을 변경하는 의견서를 제출하는 과정에서 그 경위를 설명하겠다고 요청했다 해도 헌재는 이를 단호히 거절하고 의견서로 갈음하라고 했어야 옳았다. 그러나 헌재는 그렇게 하지 않았다.

종부세를 눈엣가시처럼 여겨 없애려는 이명박 정부가 세대별 합산과세만 정부 개정안에 포함시키지 않은 것은 헌재가 이를 위헌이나 헌법불합치로 결정할 가능성이 많다고 봤기 때문이었을 것이다. 이런 마당에 헌재가 수상쩍은 행동을 한 셈이니 헌재는 국민들의 매서운 추궁을 받아도 할 말이 없다.

정작 놀라운 것은 헌법재판소의 태도다. 헌재는 이번 사태가 일으키고 있는 파장을 아는지 모르는지 "헌법재판의 독립성과 공정성이 훼손된다면 국민들이 용납하지 않을 것"이라며 "헌법과 헌법재판관이 각자의 양심에 따라 예정대로 13일 오후 2시에 (종부세법 위헌 여부에 대한) 결정을 내리겠다."고 선언했다. 주권자인 국민들의 의혹을 불식시킬 어떠한 조치도 취하지 않고 대학 수학능력평가 시험이 치러지는 13일에 결정을 하겠다는 헌재의 자세가 온당한 것인지 정녕 모를 일이다.

:: 행정수도 이전에 대한 위헌 결정이 떠오르는 이유

국민들은 헌재의 종부세 위헌 결정을 앞두고 헌재가 2004년 10월에 내렸던 '신행정수도건설을 위한 특별조치법(2004. 1. 16 법률 제7062호)'에 대한 위헌 결정을 떠올리고 있다.

당시의 헌법재판소 결정 요지를 보면, "이 사건 법률에 의한 신행정수도 이전은 곧 우리나라 수도의 이전을 의미한다."고 전제한 뒤 "서울이 수도라는 명문화된 헌법 규정은 없지만, 조선시대 한양을 도읍으로 결정한 이후 건국 이후에도 모든 국민이 수도라고 의심의 여지없이 확신해 온 것으로 관습헌법으로 볼 수 있다."고 밝혔다. 따라서 "우리나라의 수도가 서울이라는 점에 대한 관습헌법을 폐지하기 위해서는 헌법이 정한 절차에 따른 헌법개정이 이뤄져야만 한다."고 강조했다. 또 헌법재판소는 "수도 이전을 확정함과 아울러 그 이전 절차를 정하는 이 사건 법률은 우리나라 수도가 서울이라는 불문의 관습헌법사항을 헌법개정 절차를 이행하지 않은 채 법률의 방식으로 변경, 국민의 헌법개정 국민투표권을 침해했으므로 헌법에 위반된다."고 결정 이유를 밝혔다.

신행정수도건설을 위한 특별조치법에 대한 헌재의 위헌결정은 서울이 수도라는 사실이 관습헌법에 해당한다고 전제한 점, '관습헌법'을 아무런 논리적, 합리적 근거 없이 성문헌법과 동등하게 취급하고 있다는 점, 관습헌법을 국회의 입법권보다 우월하게 취급하고 있다는 점 등의 이유로 인해 양식 있는 국민들로부터 조롱을 받았다. 심지어 일각에서는 헌법재판소를 '헌법제작소'라고 부르기도 했다. 당시 많은 국민들이 헌재의 결정을 수긍하지 않았던 것은 헌재가 헌법의 근본정신과 취지에 어긋나는 정치적 판단을 했다고 생각했기 때문이다.

종부세 위헌 사건도 사정은 별반 다르지 않다. 만에 하나 헌재가 종부세에 대해서 구구한 이유를 들어 위헌이나 헌법불합치 결정을 한다면 국민들은 헌법수호기관으로서 헌재의 위상에 대해 회의하게 될 것이고, 심지어 헌재를 행정부에 휘둘리는 나약한 존재로 여기게 될 것이다.

헌재가 국민들의 신뢰 속에 헌법 수호기관으로 자리매김할지 여부는 전적으로 헌재 자신의 손에 달려 있다.

PRESSian

2008. 11. 10.

헌재는 '강부자'를 위해 존재하는가?

역시 헌법재판소가 종부세의 운명을 결정지었다. 헌재가 13일 열린 종부세 위헌 사건 선고 시에 세대별 합산에 대해 위헌 결정을, 1주택자에 대한 종부세 부과에 대해 헌법불합치 결정을 각각 내린 것이다. 물론 헌재가 원본잠식, 이중과세 등의 나머지 쟁점들에 대해서는 합헌결정을 내렸지만 초미의 관심사였던 세대별 합산에 대해 위헌 결정을 내림으로써 종부세는 사실상 형해화되고 말았다.

::종부세 아니고선 조세회피 못 막아

헌재가 세대별 합산과세에 대해 위헌을 결정한 이유는 다음과 같다(결정요약문 인용).

"개정 종부세법에 의해 혼인한 부부 또는 가족과 함께 세대를 구성한 자에게 더 많은 조세를 부과하는 것이 혼인과 가족생활을 특별히 더 보호하도록 한 헌법에 위반되는지 여부가 문제이다. 따라서 특정 조세 법률조항이 혼인이나 가족생활을 근거로 부부 등 가족이 있는 자를 혼인하지 않은 자보다 차별취급하는 것이 비례의 원칙에 의해 정당화되지 않는 한 헌법에 위반된다.

이 사건 세대별 합산규정은 생활실태에 부합하는 과세를 실현하고 조세회피를 방지하고자 하는 것으로 그 입법 목적의 정당성은 수긍할 수 있으나 가족 간 증여를 통해 재산 소유 형태를 형성했다고 해서 모두 조세회피 의도가 있다고 단정할 수 없다.

또 정당한 증여의 의사에 따라 가족 간 소유권을 이전하는 것도 국민 권리에 속하는 것이며 민법은 부부별산제를 채택하고 있고 배우자를 제외한 가족의 재산까지 공유한다고 추정할 근거 규정이 없으며, 공유재산이라 해서 세대별로 합산해 과세할 당위성도 없다.

아울러 부동산 가격 앙등은 여러 요인이 복합적으로 작용해 발생하는 것으로 오직 세제 미비로 발생하는 것만이 아니고, 이미 헌재는 자산 소득에 대해 부부간 합산과세에 위헌 선언한 바 있다. 또 부동산실명법 규정에 의해 조세회피 방지라는 입법 목적을 충분히 달성할 수 있어 필요한 수단이라고 할 수 없다.

세대별 합산 규정으로 인한 조세부담 증가라는 불이익은 이를 통해 달성하고자 하는 조세회피 방지 등 공익에 비해 훨씬 크고 조세회피의 방지와 부동산 가격 안정이라는 공익은 입법정책상의 법익인 데 반해 혼인과 가족생활 보호는 헌법적 가치란 것을 고려할 때 법익의 균형성도 인정하기 힘들다. 따라서 세대별 합산 규정은 혼인한 자 또는 가족과 함께 세대를 구성한 자를 비례의 원칙에 반해 개인별로 과세되는 독신자, 사실혼 관계의 부부, 세대원이 아닌 주택 등의 소유자에 비해 불리하게 차별 취급하고 있어 헌법에 위반된다."

위에서 살핀 것처럼 헌재는 세대별 합산규정이 지닌 입법목적의 정당성은 인정하나 방법이 적절하지 않고 이를 통해 달성되는 공익보다 침해되는 사익이 더 크다는 이유를 들어 세대별 합산 규정에 대해 위헌 결정을 내렸다. 그러나 세대별 합산이 아니고는 조세회피를 막을 길이 사실상 없다는 점에서 헌재의 결정은 잘못된 것이다.

아마 헌재는 부부 또는 세대원 간의 인위적인 명의 분산 같은 가장행위 등은 상속세 및 증여세법상 증여의제·증여추정 등을 통하여 막을 수 있다고 생각하는지도 모르겠다. 하지만 부동산 과다 보유자에 대한 종합부동산세 과세의 실효성을 기하기 위해서는 부부 간·세대 간 합산과세의 현실적인 필요성이 존재한다는 점을 고려하지 않았다.

부부 간 증여의 경우 6억 원의 공제가 인정되고 증여세가 단계별 누진세율을 채택해 과세표준이 5억 원 이하인 경우 세율이 20%에 불과해 장기간의 높은 종합부동산세의 부담을 피하기 위해 증여세 제도를 이용할 가능성이 높다는 점도 고려해야 했다. 지난 9월 1일 정부가 발표한 세제개편안에 따르면 현재 과세표준별로 10~50%인 세율이 내년에는 7~34%로, 내후년에는 다시 6~33%로 인하된다. 한편 현행 과표 1억 원 이하 10%, 5억 원 이하 20%인 세율을 5억 원 이하의 경우 오는 2010년부터 일률적으로 6%를 적용함으로써 과표가 5억 원인 경우 세금 부담이 9,000만 원에서 3,000만 원으로 무려 67%나 줄어들게 된다.

또 종부세 논의가 본격화되던 2003년 이후 증여가 폭주해 증여세 징수액이 급증한 점까지 감안할 때 기존의 제도로는 부부 또는 세대원 간의 인위적인 명의 분산과 같은 가장행위 등을 막을 수 없다.

한편 헌재는 "부동산실명법 규정에 의해 조세회피 방지라는 입법목적을 충분히 달성할 수 있다."고 설시하고 있지만 이 또한 그릇된 판단이다. 이자소득·배당소득·부동산임대소득과 같은 자산소득과 마찬가지로 우리나라에서는 이미 오래전부터 부부나 직계존비속 간에 부동산을 분산 소유하는 것이 관행처럼 굳어져 왔다. 특히 부부 상호 간에는 명의신탁이 광범위하게 이루어져 왔기 때문에 현행 부동산 실권리자 명의 등기에 관한 법률 제8조는 부부 간에 이루어지는 명의신탁행위의 법률적 효력을 인정하고 있다.

결국 이 규정은 부부 간 명의신탁행위를 통해 부동산을 취득하는 것이 우리나라에서 오랜 관행에 해당하는 것이므로 조세포탈이나 강행법규의 회피 등의 목적이 없다면 적법한 것으로 보고 그에 따르는 법적 효과를 부여하겠다는 취지를 갖는다.

그런데 부동산 실권리자 명의 등기에 관한 법률은 조세포탈, 강제집행의 면탈 또는 법령상 제한의 회피를 목적으로 하는 경우 부부 간에 이루어지는 명의신탁의 법적 효력을 부인하고 있지만 이를 과세관청이 입증하기가 어려운 경우가 대부분이라는 치명적인 약점을 지니고 있다. 즉 부동산 실권리자 명의 등기에 관한 법률을 가지고는 부부 또는 세대원 간의 인위적인 명의분산과 같은 가장행위 등을 방지하는 데 명백한 한계가 있는 셈이다.

::금융 소득 - 부동산 소득 구분해야

또한 헌재는 "부동산 가격 앙등은 여러 요인이 복합적으로 작용해 발생하는 것으로 오직 세제의 미비로 발생하는 것만이 아니고, 이미 헌재는 자산 소득에 대해 부부간 합산과세에 위헌 선언한 바 있다."고 설시했다. 헌재는 심각한 착각을 하고 있다. 누구도 부동산 가격 앙등이 오직 세제의 미비로 발생한다고 주장하지 않는다. 다만 대한민국의 경우 낮은 보유세가 부동산 투기의 주된 원인 가운데 하나이며 이를 개선해야 한다고 주장할 뿐이다.

금융 소득과 부동산을 구별하지 못하는 헌재의 단견도 근심스럽다. 토지는 예금이나 주식과는 다른 성격의 재화로 생산이나 대체가 불가능하며 공급이 제한되어 있고 모든 국민의 생산 및 생활의 기반으로서 공동체의 이익이 보다 강하게 관철되어야 한다. 게다가 주택 역시 토지의 공급제약 및 효율적인 도시계획 등의 제한으로 공급이 제한되어 있다는 점을 감안해야 한다.

토지 및 주택에 있어 수요공급의 심각한 불균형으로 인해 가격의 상승과 투기현상이 예금이나 주식 등 다른 재산권에 비해 현저하다는 점, 대한민국 헌법이 토지재산권에 대한 광범위한 입법형성권을 부여하고 있다는 점, 소득세에 있어서 부부 자산소득합산과세의 입법취지는 인위적인 소득분산에 의한 조세회피방지행위를 방지하는 데 있다는 점도 잊어서는 안 된다.

반면 종부세 세대별 합산과세의 취지는 단순히 조세회피방지라는 기술적·행정적 목적이 아니라 투기목적의 주택보유를 막고 실거주 목적의 주택보유를 유도·형성하기 위한 정책유도적 목적을 가진다는 점과 이러한 목적이 일련의 헌법규정에 의하여 뒷받침된다는 점 등을 감안할 때, 헌재의 생각이 얼마나 잘못된 것인지를 알 수 있다.

:: 세대별 합산이 위헌이라고?

세대별 합산규정이 협의의 비례원칙에 어긋난다는 헌재의 결정을 보노라면 말문이 막힐 뿐이다.

주지하다시피 우리나라는 부동산의 소유 편중 현상이 극심하다. 2006년 10월 정부에서 발표한 '2005년 토지소유 현황 통계'를 보면 2005년 말 기준 우리나라 땅부자 가운데 상위 10%(약 500만 명)가 차지하고 있는 토지 면적은 전체 개인 소유 토지의 98.3%이며, 상위 1%(50만 명) 소유의 땅은 57%에 이른다. 주택의 경우도 사정은 크게 다르지 않다. 전체 가구의 1.7%인 29만 세대가 집을 5~20채씩 차지하고 있다.

주택분 종부세 대상자 중 다주택자의 분포가 얼마나 되는지 살펴보면 부동산 소유 편중도의 심각성이 더욱 분명해진다. 종부세 대상자 중 '다주택 보유자'는 23만 2,000세대로, 개인 주택분 37만 9,000세대의 61.3%를 차지하며 세액 점유율은 71.6%에 해당한다. 또한 다주택자가 소유하고 있는 주택 수는 97만 8,000호로, 전체 종부세 과세대상 주택 112만 5,000호의 86.9%에 이른다.

종부세는 극소수의 부동산 과다 보유자들만 납부한다. 2007년 행자부 통계를 보면 종합부동산세의 납부 인원(그동안은 신고납부였으므로, 정확히는 신고대상 인원)은 2007년 기준으로 48만 6,000명이며, 주택분은 38만 3,000명이다. 주택분에서 법인을 제외하면 세대로는 37만 9,000세대로 주민등록상 전체 세대의 2.0%('06년은 1.3%)에 해당하는 수준이다. 이를 다시 주택을 소유한 세대와 비교하면 3.9%('06년은 2.4%) 수준이다.

또한 이들이 부담하는 보유세도 크게 부담되는 수준은 결코 아니다. 2007년 통계 기준으로 보면 공시가격이 6억 원일 경우 실효세율(부동산 가격 대비 보유세)은 0.26%, 7억은 0.34%, 10억은 0.52%, 25억은 1%에 불과하다.

쉽게 말해 종부세는 공공재산적 성격이 강한 부동산을 과다보유한 극소수의 사람들에게만 부과되는 세금이기 때문에 설령 세대별 합산으로 인한 차별취급이 발생한다 해도 이로 인해 달성되는 공공복리, 적정한 소득의 분배 유지, 부동산 가격 안정을 통한 지방재정의 균형발전, 국토의 효율적이고 균형 있는 이용·개발과 보전 등의 공익이 그로 인해 침해되는 사익에 비해 훨씬 우월하다고 할 것이다. 이런 관점에서 보면 종부세의 세대별 합산이 협의의 비례원칙을 충족시킨다는 데 이견이 있을 수 없다.

끝으로 헌재는 "조세회피의 방지와 부동산 가격 안정이라는 공익은 입법정책상의 법익인 데 반해 혼인과 가족생활 보호는 헌법적 가치란 것을 고려할 때 법익의 균형성도 인정하기 힘들다."라고 설시했는데 이 역시 인정하기 어렵다.

조세회피방지는 헌법 제11조의 실현을 위해 매우 중요하다는 점, 종부세법이 부동산의 가격안정을 도모함으로써 지방재정의 균형발전과 국민경제의 건전한 발전에 이바지함을 목적으로 하고 있는데 이는 헌법 117조 및 119조의 근본취지와 부합한다는 점을 감안해야 하기 때문이다. 헌재는 헌법현실과 헌법규범 사이의 거리를 인지하지 못한 채 문헌에만 기계적으로 매몰됐다 할 것이다.

::1주택자 종부세 과세에 대한 헌법불합치 결정이 지닌 맹점들

헌재는 1주택자에 대한 종부세 과세에 대해 헌법불합치 결정을 내렸다. 헌재 결정요약문을 보자.

"그러나 주택은 인간으로서의 존엄과 가치를 가진 개인의 주거로, 쾌적한 주거생활을 통해 행복을 추구할 권리를 실현할 장소로 필수 불가결할 뿐만 아니라 합리적인 주택공급 정책의 수단을 통해서도 국민 주거생활 안정을 도모할 수 있다는 점에서 주택가격 기준으로 고액의 주택 보유자를 정책 집행 대상으로 삼아 주택가격을 안정시키려는 수단의 선택은 엄격한 헌법적 심사 기준에서 이뤄져야 할 것이다.
주택분 종부세를 규정한 구 종부세는 주택 보유의 정황을 고려하지 않은 채 다른 일반 주택 보유자와 동일하게 취급해 일률적으로 또는 무차별적으로 재산세보다 상대적으로 고율인 누진세율을 적용하는 것이므로 입법 목적 달성에 필요한 정책 수단의 범위를 넘어 과도하게 주택 보유자의 재산권을 제한하는 것이어서 피해의 최소성 및 법익의 균형성 원칙에 어긋난다."

헌재결정은 주거 목적으로 한 채의 주택만 장기보유한 자나, 주택 외에 별다른 재산이나 수입이 없어 납세 능력이 낮은 경우에는 종부세 납세의무의 예외를 두거나 감면해 줘야 함에도 무차별적으로 누진세율을 적용하는 것은 과도하게 재산권을 제한한다는 뜻을 담고 있다.

그러나 헌재의 판단은 매우 잘못됐다. 헌재가 잘못된 판단을 내린 까닭은 보유세의 성격을 전혀 이해하지 못했기 때문이다.

보유세는 사회적 서비스에 대한 대가라는 성격이 강하다. 그런 측면에서 보면 주거목적의 고가 1주택자라고 해서 보유세를 감면해야 할 이유는 어디에도 없다. 정 담세능력이 없는 사람이 있다면 이들을 대상으로 종부세 납부유예제를 시행하면 될 일이다. 아울러 고가 1주택자에 대한 감세 혹은 면세 혜택은 저가의 주택을 다수 보유한 사람과 형평성 측면에서 맞지 않는다. 끝으로 고가 1주택자에 대한 면세 및 감세혜택은 고가 주택에 대한 수요를 폭증시켜 자산 배분을 왜곡시킬 가능성이 높다.

:: 헌재, 커밍아웃을 하다

위에서 자세히 살핀 것처럼 헌재의 결정은 상위 2% 강부자들을
위해 헌법의 정신과 본령을 정면으로 어긴 것으로 비판받아 마땅
하다. 더욱이 이미 헌재는 기획재정부와의 부적절한 만남으로 정치
적 독립성과 중립성에 치명적인 손상을 입은 마당이다. 이번 결정
으로 헌재는 자신들의 정체성을 만천하에 폭로한 결과를 낳았다.

대한민국의 유일한 주권자인 국민은 헌재가 부동산문제 해결의
핵심장치인 종부세를 사실상 끝장냈다는 사실, 헌재가 수호하고자
하는 헌법이 대한민국 국민 전체가 아니라 강부자들만을 위한 것
임을 확실히 알게 됐다. 물론 세대별 합산 및 1주택자 종부세 부
과에 대해 합헌 결정을 내린 조대현 재판관과 김종대 재판관은 이
런 혐의에서 자유롭다.

PRESSian

2008. 11. 14.

반값 아파트의 진실

'반값 아파트' 원조가 홍준표에게 바란다
'반값 아파트'(?) 성공하려면 이름부터 버려라

이른바 반값 아파트 법안(정식명칭은 '대지임대부 분양주택 공급 촉진을 위한 특별조치법안')이 세간의 화제다. 그도 그럴 것이 요즘같이 내 집 마련이 어려운 상황에 반값 아파트라는 말은 무주택 서민들에게는 복음이나 다름없다. 반값 아파트 법안이 국민들로부터 주목을 받자 최근에는 이 법안의 실현 가능성을 둘러싸고 논란이 치열하다. 심지어 반값 아파트 법안의 원조(元祖)가 누구냐를 두고 신경전이 생길 정도다.

기실 홍준표 의원도 인정하고 있듯, 반값 아파트 법안의 핵심이라 할 '토지임대부 건물분양' 방식을 처음 주장한 것은 토지정의시민연대이다. 토지정의시민연대는 작년부터 '토지임대부 건물분양' 방식의 도입을 줄기차게 천명해 왔다.

:: 반값 아파트 법안, 칭찬할 만하지만

눈 밝은 홍준표 의원이 토지정의시민연대의 '토지임대부 건물분양' 방식의 탁월성을 알아보고 이를 법안으로 만든 것은 칭찬할 만한 일이다.

물론 홍 의원이 발의한 반값 아파트 법안은 적지 않은 난점들을 지니고 있다. 반값 아파트 법안이 보완해야 할 점들에 대해서는 이미 토지정의시민연대에서 '반값 아파트 법안에 대한 10가지 조언'이라는 논평을 통해 조목조목 밝힌 바 있기에 새삼 거론할 필요는 없을 것이다. 다만 반값 아파트 법안에 대해 토지정의시민연대에서 지적하지 않은 부분과 반값 아파트 법안이 소기의 목적을 달성하기 위해서 반드시 필요한 조치가 무언지를 짚는 것은 유의미할 것이다.

홍준표 의원이 발의한 반값 아파트 법안은 다음과 같은 점들을 간과하고 있다.

[간과①] 투기불로소득은 어떻게 잡지?

첫째, 반값 아파트 법안은 부동산 문제의 근본원인인 토지불로소득 환수에 방점을 찍기보다 기존 주택보다 낮은 가격에 주택을 공급하는 데 주안점을 두고 있다. 즉 반값 아파트 법안은 부동산 문제의 본령과는 다소 빗나간 정책목표를 설정한 셈이다.

반값 아파트 법안을 꼼꼼히 살펴보면 잘 알겠지만 이 법안이 최초 분양자 및 건물소유자에게 지나친 시혜(시장가격보다 낮은 임대료 부과 및 그에 따른 용적률 상향, 건물 재건축 시 건물소유자들을 위한 구제수단의 강구 등)를 주도록 설계된 것도 바로 이런 이유 때문이다.

누누이 지적한 것처럼 부동산 문제는 토지 소유를 통한 불로소득의 전유(專有)에서 발생한다. 따라서 '토지임대부 건물분양' 방식으로 건물을 분양받은 사람이라 할지라도 원칙적으로는 자신이 임차한 토지에 대해서 시장가치대로 임대료를 납부하는 것이 옳다. 또한 건물이 완전히 감가상각돼 재건축을 할 때가 되면 건물 소유자가 이렇다 할 반대급부 없이 집을 비우는 것이 옳은 것이다.

물론, 토지소유를 통한 불로소득의 전유가 일상화된 상황에서 이런 말이 이상하게 들릴 수도 있을 것이다. 그러나 토지를 임차해 사용하는 사람이 재건축할 때가 되었다고 해서 집을 비울 테니 반대급부를 달라고 하는 것은 이치에 맞지 않는다.

누구나 냉장고나 텔레비전을 사용하다 더 이상 사용할 수 없게 되면 이를 버리는 것이 당연하다고 여길 것이다. 건물도 사정은 별반 다르지 않다.

이 같은 사정을 감안할 때, 홍준표 의원이 발의한 반값 아파트 법안은 부동산 문제를 근본적으로 해결하려고 하기보다는 다분히 대중추수적인 요소가 있음을 지적하지 않을 수 없다.

[간과②] 기존 집값도 내려갈까

둘째, 반값 아파트 법안이 통과돼 시행된다 해도 기존 주택의 가격이 꿈틀댈 가능성을 배제할 수는 없다. 신규로 공급되는 물량이 약 1,301만 호에 달하는 기존 주택 물량 중 일부라는 점, 신규로 공급되는 주택에서 토지 불로소득을 기대할 수 없다는 사실이

명백해지면 투기적 가수요가 기존 주택 시장에 집중될 가능성을 배제할 수 없다는 점 등이 이런 예측을 뒷받침한다.

즉 부동산 시장에 투기적 가수요가 만연해 기존 주택의 가격이 급등한 상황에서 신규로 공급하는 주택의 공급방식을 '토지임대부 건물분양' 방식으로 공급한다고 해서 기존 주택가격이 하향 안정화될지는 의문이다.

투기적 가수요가 창궐하는 근본원인인 부동산 불로소득, 그중에서도 토지 불로소득을 전국적 차원에서 차단하거나 환수하는 등의 조치 없이 추진되는 '토지임대부 건물분양' 방식의 효과는 제한적이기 쉽다.

[간과③] 국토균형발전도 해야 하는데

셋째, 반값 아파트 법안 안에는 '수도권 과밀화 억제' 및 '국토균형발전'에 대한 고려가 별로 눈에 띄지 않는다. 물론 이는 홍준표 의원의 책임이라기보다는 2기 및 3기 신도시를 건설하겠다고 천명한 참여정부의 책임일 것이다. 그럼에도 불구하고 반값 아파트 법안 속에 '수도권 과밀화 억제' 및 '국토균형발전'에 대한 고민이 들어 있지 않은 점은 매우 아쉽다.

'토지임대부 건물분양' 방식으로 수도권 신도시들을 건설할 때 용적률이나 기반시설 등을 잘 정비한다면 신도시 자체에는 큰 문제가 없을지도 모른다. 그러나 수도권에 집중될 신도시들이 '수도권 과밀화 해소' 및 '국토균형발전'에 역행한다는 사실이 변하는 건 아니다.

:: 반값 아파트의 우군은

위에서 살핀 바와 같이 반값 아파트 법안은 독자적으로는 부동산 문제를 근본적으로 해결하기 어렵다. 따라서 강력한 우군(友軍)이 필요하다. 반값 아파트 법안이 제 역할을 충실히 할 수 있도록 도와줄 동맹은 누가 있는지 살펴보기로 하자!

첫째, 거시적으로는 부동산문제를 근본적으로 해결할 패러다임을 도입하는 것이 필수적이다. '패키지형 세제개혁'과 '토지공공임대제'를 주요 정책수단으로 하는 '시장친화적 토지공개념'이 바로 그 패러다임이 될 것이다.

부동산 시장 전체가 안정되고 토지 불로소득을 추구하는 투기적 가수요가 사라져 기존 주택가격이 하향 안정화될 때 그리고 부동산에 대한 국민들의 인식이 근본적으로 바뀔 때 비로소 반값 아파트 법안이 제 역할을 할 수 있을 것이다. 이를 위해서는 '패키지형 세제개혁'과 '토지공공임대제'를 주요 내용으로 하는 '시장친화적 토지공개념'이 한국사회에 뿌리 내려야 할 것이다.

또한 '시장친화적 토지공개념'의 도입은 수도권 과밀화 해소에도 일정부분 기여할 것이다. '시장친화적 토지공개념'이 정착되면 적어도 집값 안정을 위해 수도권에 신도시를 집중적으로 건설하는 일은 없어지게 되기 때문이다.

둘째, 미시적으로는 반값 아파트 법안을 더 정교하게 만들어야 한다. '토지임대부 건물분양' 방식을 기본으로 하고, 중산층 이상을 대상으로 해서는 임대료를 시장가치대로 환수하고 서민들에게는 임대료를 시장가치 이하로 환수하되 환매조건부 방식을 결합하는 것이 효과적일 것이다.

아울러 건물 공급 측면에서 분양원가 공개 등을 통해 건축비를 낮추어 건물분양가를 지금보다 낮은 수준으로 공급한다면 반값 아파트 법안의 효과가 배가될 것이다.

:: 홍준표 의원과 한나라당에게 바란다

홍준표 의원이 발의한 반값 아파트 법안은 훌륭한 대목이 적지 않음에도 불구하고 위에서 살핀 것처럼 보완할 대목 또한 많다. 사정이 이렇다 보니 일각에서는 홍준표 의원의 반값 아파트 법안을 포퓰리즘 또는 선거용 정책으로 폄하하고 있는 것이 사실이다. 홍 의원이나 한나라당 입장에서는 이런 평가가 부당하게 느껴질 수도 있을 것이다.

홍 의원이나 한나라당이 부당한 오해(?)에서 벗어나는 길, 그리고 부동산 문제의 근본적 해결을 위해 기여했다는 평가를 받는 길은 위에 언급한 것처럼 '시장친화적 토지공개념'을 통째로 도입하는 것이다. 홍준표 의원과 한나라당의 결단을 기대한다.

『OhmyNews』
2006. 12. 9.

'반값 아파트'(?) 성공하려면 이름부터 버려라

이른바 '반값 아파트' 실험이 실패했다고 온통 떠들썩하다. 토지임대부 및 환매조건부 주택으로 구성된 '반값 아파트' 분양이 극히 저조하다는 것이 이런 분석의 주요 근거다. 여기에 청와대까지 가세하고 있다. 청와대는 '반값 아파트' 정책이 참여정부 주택정책의 본류가 아니며 '반값 아파트'는 정치권의 성화에 어쩔 수 없이 등을 떠밀려 추진했다는 입장을 표명하고 있다.

극히 저조한 청약률을 놓고 보면 반값 아파트 실험이 좌초할 위기에 빠진 건 사실인 것 같다. 그러나 지금 시점에서 중요한 건 '반값 아파트' 실패의 책임을 묻는 것이 아니라 원인을 규명하는 것이다.

왜냐하면 이번 '반값 아파트' 단지의 분양방식인 토지임대부-건물분양 방식 및 환매조건부 방식은 부동산 문제를 근본적으로 해결할 수 있는 정책수단들이기 때문이다. 그럼 지금부터 최근 추진한 '반값 아파트'가 실패할 수밖에 없었던 이유들을 차근차근 짚어보기로 한다.

::잘못된 명칭과 불분명한 정책 목표가 실패 예고

첫째, '반값 아파트'라는 이름 자체가 잘못됐다. 주지하다시피 '반값 아파트'라는 말을 유행시킨 장본인은 한나라당 홍준표 의원이다. 홍준표 의원은 대지임대부 건물분양 방식을 '반값 아파트'로 과대포장해 적지 않은 인기를 누린 바 있다. 그러나 토지임대부-건물분양 방식의 원조라 할 토지정의시민연대는 홍 의원이 '반값 아파트'라는 용어를 사용할 때부터 용어 선택이 적절치 않음을 누누이 지적해 왔다.

기실 토지임대부-건물분양 방식의 경우 토지는 중앙정부 및 지방정부 등이 소유하고 건물만 민간에 분양하는 방식이기 때문에 분양가 자체는 기존 분양가의 절반 수준이 되는 것이 사실이지만, 이를 '반값 아파트'라고 명명하는 건 시장참여자들로 하여금 마치 일반 분양 아파트를 반값에 공급하는 것 같은 착시현상을 일으키기 십상이다.

그런데 최근 주공이 부곡택지개발지구 내에 분양한 토지임대부 및 환매조건부 시범단지를 각 언론사들이 경쟁적으로 '반값 아파트'라고 명명하면서 시장참여자들의 기대치를 한껏 높여 놓았고 그 실상이 드러나자 청약신청이 매우 저조하게 됐다. 따라서 지금이라도 '반값 아파트'와 같이 포퓰리즘적 성격이 짙은 용어는 사용하지 않는 것이 옳다.

둘째, 정책 목표가 불분명했다. 이번에 환매조건부 및 토지임대부 방식으로 분양된 시범단지는 추구하는 정책목표가 불분명했다. 환매조건부 아파트는 주변 시세와 별반 차이가 없고 토지임대부-건물분양 아파트의 임대료도 어떻게 책정됐는지 석연치 않다.

무릇 정부의 정책 수립 및 집행에는 분명한 정책목표의 설정이 필수적이다. 그런데 부곡 시범단지는 어떤 정책 목표하에서 추진됐는지 도대체 알 길이 없다. 만약 토지의 공공성을 확보할 목적이었다면 토지임대부-건물분양 아파트의 임대료를 시장가치대로 책정해야 했고, 주거복지 차원이었다면 환매조건부 아파트 및 토지임대부-건물 분양 아파트의 분양가를 주변시세보다 대폭 낮추고 토지임대부-건물분양 아파트의 임대료도 시장 가치를 크게 하회하는 수준에서 책정해야 했다.

그런데 부곡 시범단지는 위에서 언급한 두 가지 정책 목표 가운데 어느 것 하나 겨냥하고 있지 않다. 달성하고자 하는 정책 목표도 없이 추진된 사업이 성공할 가능성은 제로에 가깝다.

셋째, 향후 공공택지에서 분양하는 주택은 토지임대부-건물분양 및 환매조건부 방식으로 공급한다는 예고가 없었다. 장래 공공택지에서 분양하는 주택은 토지임대부-건물분양 및 환매조건부 방식으로만 공급한다는 계획을 천명하지 않은 채 추진한 부곡 시범단지는 불로소득이라는 이름의 망망대해에 떠 있는 고도(孤島)와 같은 처지였다. 바로 위에서 언급한 계획 천명도 없는 상황에서 아무런 불로소득을 기대할 수 없는 부곡 시범단지에 입주하려는 사람이 적은 건 당연하다 하겠다.

거듭 강조하거니와 토지임대부-건물분양 및 환매조건부 방식이 성공하기 위한 최소한의 조건은 앞으로 공공택지에서 분양하는 주택은 토지임대부 - 건물분양 및 환매조건부 방식으로만 공급한다는 정부의 의지 표명이다.

::별 다른 이점이 없는 군포 부곡 시범단지

넷째, 분양가격이 너무 높았다. 부곡 시범단지는 '반값 아파트'라는 명칭과는 다르게 분양가가 만만치 않은 수준이었다. 부곡 시범단지 내 토지임대 - 건물분양 방식 74㎡ 주택의 분양가는 층수에 따라 1억 2,850만 원~1억 3,900만 원이고, 84㎡ 주택의 분양가는 1억 4,700만 원~1억 5,940만 원이었다. 또한 환매조건부 분양방식 주택의 경우는 74㎡ 주택의 분양가가 층수에 따라 2억 800만 원~2억 2,550만 원이고, 84㎡ 주택은 2억 3,790만 원~2억 5,800만 원이었다.

이 정도 가격수준이면 시장참여자가 차라리 급매물로 나온 일반주택을 구매하는 것이 더 합리적이라고 생각될 정도다. 불로소득을 거의 얻을 수 없는데다 소량만 공급되는 시범단지가 가격마저 별로 싸지 않다면 소비자들이 외면하는 것도 무리가 아니다.

다섯째, 청와대 등을 포함한 정치권과 언론이 무관심했다. 최근 '반값 아파트' 분양저조에 대한 청와대의 냉소적 태도를 보면 참여정부가 토지임대부 - 건물분양 및 환매조건부 분양 방식이 부동산 시장에서 차지하는 함의를 제대로 이해하고 있는지 의심스럽다.

익히 알다시피 부동산 문제의 근본원인은 토지에서 발생하는 불로소득이다. 따라서 부동산 문제를 근본적으로 해결하기 위해서는 토지에서 발생하는 불로소득을 차단하거나 환수해야 하며, 주택의 공급 방식도 이런 방식을 지향해야 한다. 토지임대부-건물분양 방식이 정확히 이에 부합하며 환매조건부 분양방식도 유의미한 옵션이다.

그런데 청와대는 토지임대부-건물분양 및 환매조건부 분양방식의 유효성을 근본적으로 부정하는 듯한 태도를 보이고 있다. 청와대가 이런 자세를 가지고 있으니 주공이 시범단지 성공에 미온적이었던 것도 이해가 간다. 지금이라도 청와대는 토지임대부-건물분양 방식 및 환매조건부 분양방식의 중요성을 인정하고 이를 주택공급정책의 근간으로 삼아야 할 것이다.

::청와대를 포함한 정치권과 언론의 책임이 커

여야 정치권도 군포 부곡 시범단지 분양 실패의 책임에서 자유로울 수 없다. 이들은 '반값 아파트' 공급이 가능하다고 주장해 많은 인기를 누린 뒤 이를 제도화하는 데는 소극적이었다.

언론의 보도태도도 부곡 시범단지의 성공을 가로막는 데 일조했다. 언론 대부분이 '반값 아파트'라는 이름으로 부곡 시범단지를 희화화(戱畵化)하는 데 열중했고 분양이 저조하자 반시장적 정책의 실패는 당연하다느니, 주택을 주요한 재산증식수단으로 인식하고 있는 국민들의 의식에 반한 정책이었다느니 하는 따위의 분석을 하기에 급급하다.

물론 대한민국 국민들 대다수는 주택을 가장 주요한 재테크 수단으로 인식하고 있는 게 사실이다. 이런 현실을 감안할 때 토지임대부-건물분양이나 환매조건부 건물분양이 일반적인 주택공급

방식으로 안착하기란 어려운 일이다. 그러나 부동산 문제를 근본적으로 해결하자면 이런 국민들의 잘못된 인식을 반드시 바꾸어야 한다. 이를 위해서는 언론의 역할이 참으로 중요한데, 현재 대다수의 대한민국 언론은 이런 역할을 방기하고 있다. 부곡 시범단지를 보도하는 언론의 태도와 관점이 이를 잘 보여준다.

지금까지 살펴본 것처럼, 부곡 시범단지 내의 '반값 아파트' 실험은 성공하려야 성공할 수 없는 조건 위에서 추진된 사업이었다. 모쪼록 차기 정부는 이를 반면교사(反面敎師)로 삼아 토지임대부 - 건물분양 및 환매조건부 분양방식의 제도화에 만전을 기해야 할 것이다.

『OhmyNews』
2007. 10. 18.

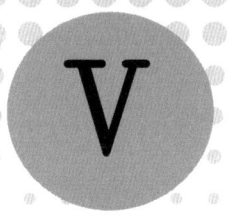

보론: 미국발 금융위기에서
배워야 할 것들

미국발 금융위기에서 배워야 할 것들

－부동산 버블 형성과 붕괴를 중심으로

::붕괴한 부동산 버블이 모든 것을 집어삼키다

이른바 닷컴 버블이 붕괴하자 그린스펀은 다른 대체재를 찾기 위해 신속하게 움직였다. 그린스펀이 닷컴 버블을 대신할 대체재로 찾은 것이 바로 부동산 버블이었다. 그린스펀은 2001년 3월부터 연방기준금리를 13차례에 걸쳐 6%에서 1.25%까지 떨어뜨렸고 금리가 사상 최저 수준으로 떨어지자 주택담보대출금리도 동반 하락했다. 이는 자연스럽게 미국 국민들의 주택구매 욕구를 자극했다. 싼 이자를 이용해 주택을 매수하려는 사람들이 줄을 잇자 주택가격이 가파르게 상승하기 시작했고 이는 다시 사람들의 주택 매수 욕구를 부추겼다. 심지어 신용과 소득이 불량한 사람들조차 금융권의 도움을 얻어 경쟁적으로 주택 구매에 나섰다. 1997년부터 2006년 사이 미국의 집값은 무려 124%나 급등했다. 은행들은 집값이 한없이 오를 것이라고 확신이라도 한 것처럼 대출에 열을 올렸다. 주택 가격상승으로 담보가치가 높아져 대출 여력이 생긴 미국인들은 대출을 받아 소비하는 데 골몰했다. 이제 부의 효과(Wealth effect)를 통한 경제성장은 움직일 수 없는 진리인 것처럼 받아들여졌고 금리 인하를 적극 주도한 그린스펀은 경제대통령으로 상찬되었다.

그러나 그린스펀이 부동산 버블을 닷컴 버블의 대체재로 선택한 순간부터 이미 재앙은 잉태되고 있었다. 한없이 상승하기만 할 것 같았던 부동산 가격이 정점을 찍고 하락하기 시작하고 여기에 금리인상마저 가세하면서 부동산 가격의 하락속도는 눈에 띄게 빨라졌다. 미분양 물량 등도 속출하기 시작했다. ≪비즈니스위크≫ 1월 31일자가 "290만여 채의 미분양 주택을 포함해 약 400만 채의 주택이 매물시장에 몰려 있다."고 전할 만큼 상황은 심각하다. 부동산 버블이 붕괴되기 시작하자 가계⇒금융⇒실물 순으로 연쇄적인 타격을 받게 되었고, 버블 형성기에 터져 나왔던 환호성은 고통스런 비명으로 바뀌었다.

이미 5개의 대형 투자은행 가운데 3개가 사라졌고 프레디맥(Freddie Mac)과 패니메이(Fannie Mae)는 2,000억 달러의 구제금융을 받았으며 AIG도 정부의 구제금융 덕에 살아남았다. 미국 정부가 이번 금융공황을 극복하기 위해 수시로 발표한 구제금융의 규모는 무려 2조 달러에 육박한다. 문제는 이런 천문학적인 규모의 구제금융으로도 이번 사태가 근본적으로 해결될 것이라고 낙관할 수 없다는 점이다. 더욱이 미국정부가 부실금융기관 매입에 필요한 자금을 국채를 발행해 조달하기로 결정함에 따라 이미 9조 6,340억 달러에 이르는 재정적자(이는 미국의 연간 국내총생산의 69%

에 달한다) 규모는 폭발적으로 증가할 것으로 예상된다. 미국의 재정적자가 확대될 경우 달러가치는 하락할 것이고, 이는 인플레이션 압력으로 이어지게 된다. 또한 물가상승압력이 높아질 경우 미국 경제와 세계경제의 성장률을 둔화시킬 가능성이 매우 높다. 이런 사정을 미국정부가 모를 리 없다. 그럼에도 불구하고 미국정부가 대규모 구제금융을 단행하지 않을 수 없던 이유는 경제 헤게모니의 중핵이라 할 수 있는 금융시스템의 붕괴를 막기 위해서이다. 달러라는 기축통화를 발행할 수 있는 권한(이를 시뇨리지(seigniorage)라 한다)과 외부자금의 유입으로 생존하고 있는 미국으로서는 이를 유지하기 위해 금융시스템의 안정이 긴절한 것이다. 또한 금융부문이 안정돼야 실물 분야의 안정도 도모할 수 있다. 한마디로 미국정부는 구제금융에 국가의 운명을 건 것이다.

부동산 가격의 급등으로 인한 버블형성과 붕괴는 그 자체로 경제에 큰 충격과 부작용을 미치지만 미국의 부동산 버블형성 및 붕괴가 한층 심각한 것은 서브프라임 모기지론(subprime mortgage loan)[1]과 파생금융상품의 존재 때문이다. 금융권이 부동산 가격의

---

1) 흔히 미국의 주택 담보 대출은 프라임(prime), 알트 - A(Alternative A), 서브프라임의 3등급으로 구분된다. 프라임 등급은 신용도가 좋은 개인을 상대로 한 주택 담보 대출을, 알트 - A는 중간 정도의 신용을 가진 개인을 상대로 한 주택 담보 대출을, 서브프라임은 신용도가 일정 기준 이하인 저소득층을 상대로 한 주택 담보 대출을 말한다. 이 가운데 서브프라임 등급은 부실 위험이 있기 때문에 프라임 등급보다 대출 금리가 2~4% 정도 높은 게 일반적이다. 2000년대 들어 유동성 과잉과 저금리로 부동산 가격이 급등하자, 이에 편승한 모기지론(mortgage loan) 업체들 간의 과당 경쟁으로 미국 주택 담보 대출 시장에서 서브프라임 등급이 차지하는 비중이 2002년 말 3.4%에서 2006년 말에는 13.7%로 급상승했다. 그러나 급상승하던 집값이 하락세로 돌아서고 2004년 이후 FRB(미국 연방준비제도이사회)가 정책 목표 금리를 17차례에 걸쳐 1.0%에서 5.25%로 대폭 올리자 이자 부담이 커진 저소득층이 원리금을 제때 갚지 못하게 되었다. 이로 인해 서브프라임의 연체율이 20%로 급상승, 2007년 4월 미국 제2의 서브프라임 모기지론 회사인 뉴 센트리 파이낸셜(New Century Financial)이 파산 신청을 내는 것을 시작으로 이른바 '서브프라임 모기지론 사태'가 일어났다(두산 백과사전에서 인용).

무한상승을 확신한 채 신용과 소득이 불량한 저소득층에게 소득이나 담보가치를 넘어서는 대출을 해 준 것이 첫 번째 잘못이라면 담보대출을 '주식화'해 주택저당증권(MBS)으로 만들고 또 이를 주택담보부증권(CDO)과 신용디폴트스왑(CDS), 복합 CDO 등의 파생금융상품으로 제조해 전 세계에 판매한 것이 금융권의 두 번째 실수였다. 기실 서브프라임 모기지론 사태의 정확한 피해액이 얼마나 되는지 추산조차 어려운 이면에는 파생금융상품의 존재가 도사리고 있다.

요약하자면 미국은 닷컴 버블을 부동산 버블로 대체하면서 파생금융상품이라는 첨가제까지 사용하는 어리석음을 범함으로써 금융공황을 초래해 1929년 경제 대공황 이후 최대의 위기에 봉착한 것이다.

:: 부동산에 몰입하고 있는 MB정부

다행히 대한민국은 참여정부가 세제 및 부동산 담보대출 관리 등을 통해 선제적으로 부동산 시장 안정화 정책을 편 덕분에 미국과 같은 부동산 버블 팽창 및 붕괴를 예방할 수 있었다. 그러나 ABR(Anything But Roh, 무조건 노무현과는 반대)이 자신의 정체성이라고 여기고 있는 MB는 부동산 버블을 키우는 방향으로 움직이고 있다.

8·21대책, 9·1세제개편안, 9·19부동산 대책, 9·23종부세 개정안 등을 관통하고 있는 건 공급확대와 세제완화를 통한 건설경기 부양이다. 아래의 표를 보면 이 같은 사실을 쉽게 알 수 있다.

고가·다주택 소유자를 위한 정책	건설업자를 위한 정책
양도소득세 후퇴 - 고가주택 기준 상향: 6억 원 → 9억 원 • 이를 통해 양도세 납부대상자는 58만호(전체 주택의 4.3%)세대에서 21만호(전체주택의 1.5%)로 축소됨, 세제혜택37만호. - 장기보유특별공제 확대 • 연 4% 20년 → 연 8% 10년 - 2주택자에 대한 양도세 배제 예외 확대 • 취학·장기요양 추가 - 양도소득세 세율 및 과표 구간 조정	양도소득세 후퇴 - 1세대 다주택자 양도소득세 중과기준 완화 • 지방 광역시의 기준을 1억 원에서 3억 원으 로 상향 - 양도소득세 중과에서 제외되는 임대주택 요건 완화(비수도권 지역) • 10년·5호 이상 → 7년·1호 이상 - 2주택자에 대한 양도세 배제 예외 확대 • 취학·장기요양 추가
종부세 후퇴 - 종부세 과표적용을 인상속도 조정(80% 동결) - 종부세 세부당 상한 하향. 300% → 150% - 2010년부터 종부세의 부가세(surax)인 농어촌 특별세 폐지	종부세 후퇴 - 주택건설업자 취득 토지 종부세 비과세 - 시행사가 소유한 미분양주택에 대한 종부세 비과세 기간을 3년에서 5년으로 연장 - 시공사가 대물변제로 받은 미분양 주택, 5년간 비과세 - 2010년부터 종부세의 부가세(surtax)인 농어 촌특별세 폐지
	신도시 2개 추가 공급
	재건축 규제와 전매 완화 - 안전진단 2회에서 1회로 - 조합원 지위 양도 확대 및 층수 완화 - 수도권 전매제한 완화
	3조 원의 공적자금을 활용한 건설사 보조

결론: [고가·다주택 소유자를 위한 정책]+[건설업자를 위한 정책] ⇒ 부동산 경기부양·거품의 전국화

이른바 9·19부동산 대책도 적극적인 공급확대책의 일환이다. 주택시장 안정을 위해 향후 10년간 전국에 500만 가구, 수도권에 300만 가구를 공급하고, 뉴타운 25곳을 추가 지정하는 등 도심 재건축·재개발도 활성화하겠다는 것이 9·19대책의 골자다. 특히 수도권 일대 그린벨트 100㎢를 해제해 보금자리 주택단지를 조성하고 40만 호를 추가 공급하겠다고 밝힌 대목이 눈길을 끈다.

---

2) [이명박 정부의 보유세 정책-향후 종부세의 운명은 어떻게 될 것인가?, 토지정의시민
연대-토지+자유연구소 정책토론회 자료집(2008. 9.)에서 인용]

한편 9·23종부세 개편안은 MB정부가 추진하고 있는 세제완화 정책의 백미라고 할 수 있다. 이 개편안에는 주택분 종부세 과세기준을 현행 6억 원에서 9억 원으로 상향조정하고, 종부세율을 기존 1~3%에서 0.5~1% 수준으로 대폭 낮추며, 고령자에게는 세금을 10~30% 경감해 주는 내용이 담겨 있다. 또한 사업용 토지와 나대지 등에 부과되는 종부세의 과세기준을 상향하고 과세표준 구간과 세율을 낮추는 방안도 포함됐다. 만약 주택분 종부세 부과기준이 6억 원에서 9억 원으로 상향되면 과세대상의 약 60%(2007년도 주택분 종부세 과세대상 기준) 가까이가 과세대상에서 제외된다. 게다가 9억 원 이상의 주택을 소유한 자들도 세율이 대폭 낮아지고 세부담 상한선이 300%에서 150%로 줄어드는데다 과표적용률도 80%로 동결돼 납부액이 많은 경우 10분의 1수준으로 줄어들게 든다. 주택분 종부세뿐 아니라 사업용 토지와 나대지 등에 부과되는 종부세도 과세대상 및 납부액이 이전과는 비교할 수 없을 만큼 격감하기 때문에 종부세는 사실상 폐지됐다고 보는 것이 옳다.

이렇듯 MB정부 부동산 정책의 주된 기조는 공급확대와 세제 후퇴이다. 대내외적 경제악재들에 포위된 MB가 난국을 타개하기 위한 수단으로 선택한 것이 건설경기 부양을 통한 경기회복이라는 점이 분명해지고 있는 지금 일련의 공급확대정책과 세제완화정책은 MB가 추진하려고 하는 부동산 경기 부양책의 정책적 컬레라고 표현할 수 있다.

그렇다면 MB정부가 주택공급확대정책과 투기적 가수요 진작책을 동시에 사용하면서 얻으려는 것은 무엇일까? 정치적 목표와 경제적 목표로 나누어서 분석할 수 있을 것이다. 먼저 정치적 목표는 핵심 지지층(토건족과 대부분의 종부세 대상자들)의 확고한 지지를 지속적으로 획득하려는 데 있다. 핵심 지지층의 일관된 요구인 대규모 건설사업의 추진과 종부세 등의 부동산 세제 후퇴를 통한 부동산 불로소득의 보장을 통해 가뜩이나 취약한 지지기반을 보강하겠다는 복안인 셈이다. 다른 하나는 경제적 목표인데 대규모 주택공급 사업을 추진해 한시적으로 경제성장률을 끌어올리고 실업률을 낮추겠다는 것이다. 문제는 새롭게 공급되는 주택을 시장에서 누가 매수할 것인가 하는 점인데 이를 해결하기 위해 종부세 등의 부동산 세제 후퇴안이 해법으로 등장한다. 신규로 공급되는 물량을 구매력이 있는 고소득자나 자산가들이 매수할 수 있도록 유인을 제공하겠다는 것이다. 부동산 세제를 완화해 부동산 불로소득을 보장하고 이를 통해 부동산 가격 하락의 속도를 늦춰보자는 생각도 있을 것이다.

::부동산 경기 부양책이 실패할 수밖에 없는 이유

문제는 MB정부의 이 같은 건설경기 부양책이 실패할 것이 자명하다는 사실이다. MB정부의 인위적인 건설경기 부양책이 한정적인 효과라도 거두기 위해서는 두 가지 전제조건이 충족되어야 한다.

첫째, 주택의 양질 측면에서 대규모 공급이 필요한 상황이어야 한다. 그러나 현재 전국의 주택보급률은 107%를 넘어섰다. 비록 수도권의 주택보급률이 90% 내외라고는 하지만 1인 가구와 다가구주택·오피스텔을 고려한 실질 주택보급률은 서울마저 100%에 육박하는 수준이다. 주거의 양뿐 아니라 질도 예전과는 사뭇 다른 상황이다. 전체 아파트 재고의 반 정도가 지은 지 10년 이내의 주택이며 최저 주거기준 미달 가구 역시 10년 만에 1/3로 줄어들어,

전체 가구의 10% 미만으로 내려갔다. 또한 자가소유율은 63% 내외에 이르러 일본보다 더 높은 수준이고 장기 공공임대주택 역시 현재 재고는 3.9% 수준이지만, 참여정부 기간 중에 착수한 양을 합하면 7%를 넘는다. 결국 주택의 양 및 주거의 질 양 측면에서 대한민국 주택시장은 비약적 발전을 이룬 셈이다. 물론 주택의 멸실 및 새로운 가구의 출현 등의 이유로 적정규모의 주택공급은 반드시 필요하다. 그러나 이미 수도권에 2만 5천 가구의 미분양이 발생하고 2014년까지 2기 신도시 물량 57만 가구가 신규로 공급되는 사정을 감안하면 MB정부가 표방하고 있는 규모의 주택공급은 과잉공급으로 귀착될 가능성이 매우 높다.

둘째, 수요가 받쳐주어야 한다. 그러나 지금의 부동산 시장은 전 세계적인 부동산 버블 붕괴 및 그로 인한 금융공황, 자산디플레이션 현상, 급격히 고조되는 경기 불황에 대한 위기감, 금리 인상 등의 이유로 인해 수요가 크게 위축된 상태이다. 설령 정부가 종부세 및 양도세 등을 후퇴시켜 부동산 불로소득을 보장해 주려고 애쓴들 위에서 열거한 요소들이 해소되지 않는 한 수요 진작 효과는 미미할 것이다.

결국 MB정부가 부동산 경기 부양책이라는 독배를 마시면서까지 경제성장률을 끌어올리려고 하더라도 시장의 상황을 보면 그런 시도가 성공할 가능성은 매우 낮은 셈이다.

::한국판 서브프라임 사태가 발생할 가능성은?

미국이 서브프라임 모기지론 사태로 촉발된 금융공황으로 절체절명의 위기에 처하자 한국에서도 서브프라임 모기지론 사태와 유사한 일이 발생하지 않을까 하는 두려움이 팽배해 있다. 그러나 한국은 부동산 버블의 정도나 주택담보대출의 증권화 수준, 은행 대출자들의 연체율 등의 지표에서 미국보다 훨씬 양호하다.

물론 위험요소가 없는 것은 아니다. 예컨대 단기간에 과도하게 급증한 주택 담보대출은 잘 관리하지 않으면 큰 문제가 될 수 있다. 금융감독원에 따르면 2007년 말 현재 우리나라 은행권의 주택 담보대출은 총 원화 대출금의 28%에 해당하는 221조 6,000억 원에 이르렀다. 이는 2000년 54조 원에서 무려 4배 가까이 상승한 수치다. 명목 국내총생산(GDP) 대비 주택 담보대출 비율은 10%에서 35%로 상승했다. 이는 시중의 자금이 과도하게 부동산 부문에 집중되었음을 잘 보여준다. 저축은행 등 비은행 금융권의 연체율이 10% 이상인 점도 조금 우려된다. 참고로 미국의 서브프라임 사태가 발생할 당시 서브프라임 모기지의 연체율이 13% 수준이었다. 저축은행들이 주로 추진한 PF(프로젝트 파이낸싱)나 ABS(자산유동화증권)도 부실화돼 경제에 충격을 미칠 가능성을 배제할 수 없다.

:: MB정부, 미국의 전철을 밟지 마라

세계최고의 제조업경쟁력을 자랑하는 일본은 부동산 버블의 형성 및 붕괴로 말미암아 '잃어버린 10년'을 경험한 바 있다. 이제는 팍스 아메리카나를 자랑하던 미국이 부동산 버블 붕괴로 인한 경제위기를 맞고 있다. 미국이 이 시련의 터널을 언제쯤 빠져나올지는 아무도 모른다. 세계최고 수준의 국가경쟁력을 가지고 있는 일본과 미국도 부동산 버블의 형성 및 붕괴로 인한 후유증은 감당하기 어려운데 대한민국이야 더 말할 필요가 없을 것이다.

위에서 살핀 것처럼 대한민국 부동산 시장도 위험도만 낮을 뿐 유사(類似) 서브프라임 사태에서 안전지대가 아니다. 따라서 지금 MB정부가 할 일은 부동산을 통한 경기부양을 꾀할 것이 아니라 참여정부가 설계한 세제정책, 시장 투명화, 개발이익환수장치 등을 발전적으로 계승해 부동산 시장을 연착륙시키는 것이다.

만약 MB정부가 지금과 같은 부동산 경기부양책을 고집한다면 MB정부는 두 개의 길 가운데 하나와 만날 가능성이 높다. 첫째, 지금과 같은 불경기가 계속돼 쏟아지는 공급물량을 수요가 받아주지 못해 부동산 가격이 급락하고 이로 인해 금융시스템에도 치명적인 위험이 발생할 가능성, 둘째, 대내외적 경제조건과 거시적 경제지표들이 호전돼 부동산 투기가 재연되고 이로 인해 부동산 가격이 상승해 버블이 형성된 후 붕괴할 가능성. 문제는 두 개의 길 가운데 어떤 것이건 국민경제에 회복하기 힘든 타격을 미칠 것이 분명하다는 사실이다.

그러나 MB정부는 전 세계적 부동산 버블의 팽창과 붕괴가 야기하고 있는 가공할 결과를 목도하면서도 아무런 교훈도 얻지 못하고 있는 성싶다. 그렇지 않고서야 지금과 같은 상황에서 어찌 감히 부동산을 통해 경기를 부양할 생각을 할 수 있겠는가? 혹시 MB는 부동산 폭탄이 자신의 임기 중에만 터지지 않으면 된다고 생각하는지도 모르겠다. 그렇지만 MB의 임기는 아직 4년도 넘게 남아 있다. 부동산 폭탄이 폭발하기에는 충분한 시간인 셈이다.

적어도 대한민국의 국정을 책임진 대통령이라고 한다면 절대 해서는 안 될 것이 바로 부동산을 통한 경기부양이다. 부동산을 통한 경기부양은 고통을 일시적으로 모면하기 위해 마약을 먹는 것과 다를 바 없는 행동이다. 그로 인한 폐해와 후유증은 이루 헤아릴 수 없이 크다. 미국발 부동산 버블 붕괴로 인해 전 세계적 경제 위기가 도래한 지금 부동산에 올인해 경기를 활성화시키겠다는 생각은 하루속히 접어야 할 것이다. 부동산을 통해 경기를 부양하겠다는 생각이 무지에서 비롯되었건, 무책임함에서 연유했건 말이다. 대통령의 무지와 무책임은 죄악에 다름 아니라는 사실을 MB가 명심했으면 좋겠다.

인물과 사상
2008년 11월호

이태경

인터넷 칼럼니스트이자 시민운동가다. 대학에서 법학을 전공했고 현재 고려대학
교 법과대학원에서 헌법을 전공하고 있다. 토지정의시민연대 사무처장, 토지＋자
유연구소 연구위원, ≪대자보≫ 편집위원도 겸하고 있다. ≪오마이뉴스≫, ≪프레
시안≫, ≪미디어오늘≫, ≪데일리서프라이즈≫ 등에 다양한 주제의 칼럼을 기고
하고 있다. 새로운 국가발전모델 개발에 관심이 많다.
저서로는 칼럼집 『한국사회의 속살』이 있고 공저로는 『이명박 시대의 대한민국』
과 『부동산 신화는 없다』가 있다.

투기 공화국의 풍경

초판인쇄 ｜ 2009년 4월 15일
초판발행 ｜ 2009년 4월 15일

지은이 ｜ 이태경
펴낸이 ｜ 채종준
펴낸곳 ｜ 한국학술정보㈜
주 소 ｜ 경기도 파주시 교하읍 문발리 513-5 파주출판문화정보산업단지
전 화 ｜ 031) 908-3181(대표)
팩 스 ｜ 031) 908-3189
홈페이지 ｜ http://www.kstudy.com
E-mail ｜ 출판사업부 publish@kstudy.com

등 록 ｜
가 격 ｜ 25,000원

ISBN   978-89-534-2084-7 03070 (Paper Book)
        978-89-534-2085-4 08070 (e-Book)